WO GUO CHENGXIANG JIAOTONG YUNSHU
YITIHUA FAZHAN
LILUN YU SHIJIAN CHUANGXIN

我国城乡交通运输一体化发展

理论与实践创新

交通运输部规划研究院　著

人民交通出版社

北京

内 容 提 要

本书全面系统研究城乡交通运输一体化发展理论与实践创新,主要内容包括城乡交通运输一体化发展内涵、城乡交通运输一体化发展现状、城乡交通运输一体化发展趋势、城乡交通运输一体化发展水平量化研究、城乡交通运输一体化发展主要启示、城乡交通运输一体化发展典型案例、新时代城乡交通运输一体化发展策略,并选取我国农村客运发展、我国农村物流发展、各地在编制城乡交通运输一体化发展规划中应关注的几个问题三个专题开展研究。

本书对了解我国城乡交通运输一体化发展的理论和实际情况,持续推进我国城乡交通运输一体化发展的实践创新具有重要的指导意义和参考价值,可供从事相关研究的科研人员、城乡交通运输从业者参考使用。

图书在版编目(CIP)数据

我国城乡交通运输一体化发展理论与实践创新/交通运输部规划研究院著. —北京:人民交通出版社股份有限公司,2025.8. —ISBN 978-7-114-20584-2

Ⅰ. F572

中国国家版本馆 CIP 数据核字第 2025ZM2842 号

书　　名:**我国城乡交通运输一体化发展理论与实践创新**
著 作 者:交通运输部规划研究院
责任编辑:戴慧莉
责任校对:赵媛媛　刘　璇
责任印制:张　凯
出版发行:人民交通出版社
地　　址:(100011)北京市朝阳区安定门外外馆斜街 3 号
网　　址:http://www.ccpcl.com.cn
销售电话:(010)85285911
总 经 销:人民交通出版社发行部
经　　销:各地新华书店
印　　刷:北京科印技术咨询服务有限公司数码印刷分部
开　　本:720×960　1/16
印　　张:12.25
字　　数:175 千
版　　次:2025 年 8 月　第 1 版
印　　次:2025 年 8 月　第 1 次印刷
书　　号:ISBN 978-7-114-20584-2
定　　价:79.00 元
(有印刷、装订质量问题的图书,由本社负责调换)

　　习近平总书记指出:"在现代化进程中,如何处理好工农关系、城乡关系,在一定程度上决定着现代化的成败。"❶新时代新征程,深入推进城乡交通运输一体化发展,助力实现乡村全面振兴,进而加快农业农村现代化,意义重大。党的二十届三中全会指出,城乡融合发展是中国式现代化的必然要求,应促进城乡要素平等交换、双向流动,缩小城乡差别,促进城乡共同繁荣发展。农业是近2亿人就业的产业,农村是近5亿农民常住的家园,没有农业农村现代化,就没有整个国家现代化,而在发展中保障和改善民生是中国式现代化的重大任务。城乡交通运输承载了人流、物流,带动了信息流、资金流,促进了知识的传播、文化的交流、风俗的改进,为农村特别是贫困地区带去了人气、财气,将农村地区的环境优势、资源优势转化为经济优势、发展优势,让农民群众出行更加满意,让农村运输更加便利。城乡交通运输一体化发展可以更好地满足农村居民多样化、便捷化的出行需求,打通乡村快递物流"最初一公里"和"最后一公里",全面助力乡村产业振兴,广泛惠及广大老百姓,在一定程度上缩小了城乡差距,为城乡经济社会高质量发展提供了强有力的运输保障。

　　当前,在"四好农村路"建设和城乡交通运输一体化示范县创建的带动

---

❶习近平主持中共中央政治局第八次集体学习并讲话. 中国政府网,2018-09-22,https://www. gov. cn/xinwen/2018-09/22/content_5324654. htm.

下，地方积极推进城乡交通运输一体化发展工作，取得了显著成效，农村路网提档升级，综合运输服务站融合发展，农村客运特色运营模式因地制宜、不断创新，交邮快融合互惠共享，信息化服务水平不断提升。但受城乡人口结构变化、农村生活生产方式转变、宏观经济环境严峻等因素影响，农村交通运输业面临前所未有的困难和挑战，出行需求持续降低，农村客运稳定运行压力增大，"开得通、留不住"成为待解难题，货运物流和寄递物流运营都存在运输成本高、进村盈利难、运行效率低等问题。特别是部分偏远农村由于人口数量少、快递业务量小等原因，快递网点生存困难，农村物流"最后一公里"维持难，城乡交通运输对产业发展支撑不足，与全面推进乡村振兴等要求仍有差距。此外，我国的乡村类型众多、差异较大，有都市圈毗邻区的乡村，也有偏远山区、高寒地区的乡村，解决城乡交通运输一体化发展问题的路径和城乡交通运输一体化发展的策略不尽相同，需要因地制宜推进。

当前，全面系统研究城乡交通运输一体化发展的书籍较少。本书从新时代城乡交通运输一体化发展内涵入手，总结我国城乡交通运输一体化发展的历程和成就，剖析现阶段我国城乡交通运输一体化发展存在的问题，在对我国城乡交通运输一体化发展面临的新要求和新趋势进行分析研判后，提出符合当前要求和实际的城乡交通运输一体化发展量化研究方法，并梳理了国外城乡交通运输一体化发展的典型做法和对我国的启示，选取我国10个县(市、区)作为典型案例，分析其在全域公交、交旅融合、客货邮融合发展、信息化建设、农村物流等方面的做法与成效，研究提出我国城乡交通运输一体化发展的策略。随后，本书选取我国农村客运发展、农村物流发展、各地在编制城乡交通运输一体化发展规划中应关注的几个问题等三个专题开展研究，以期为读者更深入了解城乡交通运输一体化发展提供更多有价值的信息。

感谢交通运输部何明、高轶、陈文亮、李强等同志对本书相关研究内容进行指正并提出建议,感谢本书编写过程中给予技术指导的各位专家学者。

本书由刘勇凤、刘晓彤主笔,魏永存、王伟、李政、戴倩、骆冠良、杨丁丁、奉鸣、信红喜、肖春阳、李弢、袁春毅、田时沫、李继学、叶倩、田鹤、王遥飞等同志参加了相关章节的撰写,在此深表感谢。

本书的研究对于我国城乡交通运输一体化发展的理论和实践创新具有重要的参考价值。由于作者水平有限,书中难免有疏漏和不足之处,敬请有关专家、学者和城乡交通运输从业者不吝批评指正。

《我国城乡交通运输一体化发展理论与实践创新》编写委员会
2025 年 4 月

CONTENTS **目　录**

CHAPTER 1 第1章

城乡交通运输一体化
发展内涵

城乡交通运输一体化既是我国新型城镇化建设的关键环节,也是我国城乡融合发展总目标实现的重要支撑。解读城乡交通运输一体化发展的内涵,明确城乡交通运输一体化发展的概念、特征和主要内容,对新时代我国城乡交通运输一体化发展具有重要意义。习近平总书记指出,"交通基础设施建设具有很强的先导作用,特别是在一些贫困地区,改一条溜索、修一段公路就能给群众打开一扇脱贫致富的大门。"❶我国实施了大批重点工程,积极解决城乡交通运输发展短板问题,如今进入推进乡村全面振兴的新阶段,在基础设施不断优化的前提下,合力推动城乡交通运输一体化发展,构建更高质量、更优服务、更有效率的城乡交通运输体系,让美好交通发展成果更多、更公平惠及全体人民群众,成为未来城乡发展的重中之重。

1.1 基 础 理 论

自现代意义上的城市诞生以来,城乡关系相互作用、相互影响、相互制约,并成为一定社会条件下政治关系、经济关系、阶级关系等诸多因素在城市与乡村之间的集中反映。长期以来,众多学者对城乡关系的基础理论进行过深入研究,从不同的视角解析了城和乡的产生、城乡关系的演变规律、城乡关系的发展趋势以及城乡关系的发展模式等,为我们从根本上认识城乡关系以及新阶段构建新型城乡关系提供了坚实的理论支撑和实践指引。

1.1.1 马克思、恩格斯的城乡融合理论

马克思、恩格斯根据城乡矛盾分析,提出人类社会的城乡关系将经历从"城

---

❶筑好康庄大道 共圆小康梦想——习近平总书记关心农村公路发展纪实.人民日报,2014-04-29(1).

乡浑然一体"到"城乡对立"再到"城乡融合"的历史过程,揭示了城乡的普遍发展规律,这也为包括城乡交通运输在内的城乡融合发展提供了科学的理论基础。当生产力发展到一定高度以后,交通运输需要发挥先导作用,通过建设农村交通基础设施和发展运输服务,引领城市与农村逐渐从对立走向融合,打破城市与农村的边界,促进商品和要素在城乡间自由流动,实现工业和农业均衡发展。

1.1.2 斯密-杨格定理

斯密-杨格定理(Smith-Young Theorem)提出"分工取决于市场规模,而市场规模又取决于分工"的理论。斯密用了大量篇幅论述市场范围受到运输能力的限制,也就是运输能力的改善能够扩大市场范围,从而促进分工深化和效率提升。过去以城市为中心的发展模式形成了城市对农村资源的"单向吸引",部分农村地区"空心化"问题严重。城乡交通运输一体化发展通过降低城乡间要素及商品的流通成本,提高交易效率,有利于缩小城乡差距,更有利于将广大农村地区逐步纳入城市工业化的市场范围,促进工业、农业在整个国民经济体系当中更好互动与分工,使得要素在城乡之间更好地"双向对流",发挥城乡之间不同的特点和优势,加快形成工农互促、城乡互补、全面融合、共同繁荣的新型城乡关系,助力乡村振兴和共同富裕的实现。

1.1.3 公共产品理论

公共产品是指每个人对某种产品的消费不会导致其他人对该产品消费的减少的一种产品。公共产品具有两大特性,即消费上的非竞争性与受益上的非排他性。公共产品也称公共物品,通常由政府来提供。其原因有两个:一是公共物品的特点使得靠人们自愿或者市场提供会引起公共物品供给不足,无法满足人们的正常需要;二是即使部分公共物品可以由市场提供,但是达成和实施市场交易的费用可能太高。城乡交通运输具有公共物品的属性,其需求具有多层次性,但是城乡交通运输投资和使用相对低效,难以取得像城市交通运输那样高的回报。农村是城乡发展的薄弱环节,农村经济相对不发达,农村居民收入相对较低,在城市中可以由个人或企业来提供的基础设施,在农村必须由政府提供。

1.1.4 不平衡增长理论

法国经济学家弗朗索瓦·佩鲁(F. Perrous)在不平衡增长的思想框架下,提出了"增长极"理论;缪尔达尔和赫希曼则分别提出了"扩散效应"和"极化效应",用于解释区域经济发展的不平衡。城乡交通运输也存在极化和扩散效应。交通运输资源要素首先在城市聚集,随后逐渐向乡村延伸和扩散,继而逐步缩小城乡交通运输发展差距,推动一体化发展。从分工和市场的相互关系来看,交通运输发展水平首先决定了城乡地区之间的可达性及交通便利化程度,继而影响交易效率和交易成本;其次深刻影响了城乡之间产品和要素的自由流动,从而影响市场的统一和一体化进程。

1.2 基 本 概 念

1.2.1 城乡一体化

一体化是将两个或两个以上互不相同、互不协调的事项,采取适当的方式、方法或措施,有机地融为一体,形成协同效力,以实现整体大于部分总和的效果。城乡一体化是中国现代化和城镇化发展过程中的一个崭新的阶段,旨在把工业与农业、城市与乡村、城镇居民与农村居民作为一个整体,统筹规划研究,通过体制改革和政策调整,推动城乡在规划建设、产业发展、市场信息、政策措施、生态保护、社会事业等诸多方面实现一体化发展,从而改变固有的城乡二元结构状态,使农村居民享受到与城镇居民同样的文明和实惠,进而使整个城乡经济社会全面、协调、可持续发展。

城乡一体化有两个鲜明的特点:一是城乡生产要素的合理流动与优化配置,主要指城乡劳动力、资本、技术等要素在城乡间合理流动,并在地域上得到优化配置;二是实现城乡均等化发展,主要指城市和乡村获得平等的发展机会,同时满足城乡居民发展的需求,实现全体人民的共同富裕。我国城乡关系经历了从城乡分离到城乡对立、再走向城乡一体化的过程。党的十八大以后,中国特色社会主义进入新时代,面对人民日益增长的美好生活需要和不平衡、不充分的发展之间的矛盾转变,我国提出了"推动城乡发展一体化"的理念,加快完善城乡发展一体化体制机制,促进城乡要素平等交换和公共资源均衡配置,形成"以工促农、以城带乡、工农互惠、城乡一体"的新型工农、城乡关系。

1.2.2 城乡交通运输一体化

城乡交通运输一体化是城乡一体化发展大局中的重要一环,也是交通运输当好中国现代化开路先锋的关键领域。城乡交通运输一体化应秉承城乡一体化的发展理念,促进城乡交通运输市场双向开放,推动生产要素自由流动,实现城乡交通运输均等化发展,并由全民共享发展成果。当前,城乡交通运输一体化发展并未形成广泛认可的一致定义。结合城乡一体化发展的内涵及交通运输的特点,本书认为:**城乡交通运输一体化是指统筹城乡交通运输市场,推动资源要素合理顺畅流动,实现城乡交通基础设施、运输服务、信息服务、政策制度等方面有效衔接,充分发挥县城的辐射带动作用,推动城市客货运输服务等向乡村延伸,从而促进县乡村各级生产生活单元能够实现快速联系,城乡居民可以共享美好交通发展成果。** 简单来看,城乡交通运输一体化就是城乡交通运输资源要素不断优化配置和一体协同发展的过程。

理解城乡交通运输一体化发展的概念应着重把握以下几个关键问题。首先,城乡交通运输一体化发展并不是简单地消除城市交通运输与农村交通运输之间的差别,达到完全一致,也不是简单地将二者统一起来运营、管理,而是将城乡交通运输作为一个整体和系统,统筹考虑,充分发挥各自的特点和优势,相互吸收有益于自身发展的积极因素,平衡两者内部以及两者之间的发展,注重有效衔接,相互促进、互相协调发展。其次,城乡交通运输一体化发展涉及基础设施、运输服务、运营管理、发展环境等多个方面,城乡交通运输不仅要实现交通运输自身的协调发展,同时也应与城乡一体化的其他经济社会方面相协调。再次,城乡交通运输一体化发展是一个动态变化的过程,随着城乡经济社会的发展,城乡交通运输一体化应因地制宜,突出解决当地的关键问题,逐步发展完善。最后,城乡交通运输一体化发展是双向的,重点是满足城乡居民交通运输需求,但核心更在于解决农村居民运输服务高质量发展问题。城乡交通运输一体化发展是城乡公共服务均等化的内在要求,是破除农村交通运输发展瓶颈的重要保障,实现城乡交通运输一体化有助于更好发挥区域内的集聚和扩散效应。近年来,围绕城乡交通运输一体化发展,各级政府均在实践层面进行了探索,交通运输部开展了三批城乡交通运输一体化示范创建工作,围绕农村客运公交化改造、农村客货邮融合发展、城乡客运与旅游融合发展、推进农村运输服务信息化建设等,部分省(自治区、直辖市)也相应地开展了一些示范试点创建工作,均有效地提升了农村地区客货运输服务水平。

1.3 发 展 特 征

　　城乡交通运输一体化发展具有层次性、协同性、融合性和普惠性等基本特征,在全面推进乡村振兴、实现农业农村现代化发展背景下同时呈现出更加注重县城交通运输的辐射带动作用、更加注重城乡交通运输服务均等化发展、更加注重城乡交通运输的协同融合发展、更加注重城乡交通运输智能智慧发展、更加注重建立城乡交通运输一体化发展的长效机制等时代特征。

1.3.1　基本特征

（1）层次性。

层次性是指城乡交通运输应梯度发展、层次推进。城乡交通运输一体化要顺应中国城镇化发展的趋势，增强县城对乡村的交通运输辐射带动能力，推进县乡村交通运输功能衔接互补，促进县城交通基础设施、运输服务、信息化等向乡村延伸覆盖。

（2）协同性。

协同性是指城乡交通运输作为一个有机联系的大系统要统筹考虑，并按照城乡优势互补、互相促进的原则协同推进，在规划布局、基础设施建设、运输服务、体制机制、支持政策等各个方面实现全面协调发展。

（3）融合性。

融合性是指城乡交通运输要整合资源要素，推动客货邮、城乡客运与旅游、城乡物流与电子商务、运输与产业等融合发展，通过交通运输内部资源整合以及外部与其他产业融合，以弥补城乡交通运输网络收益较小的问题，以融合发展创造最大效益。

（4）普惠性。

普惠性是指城乡交通运输发展要以追求社会效益最大化为目的，尤其是对于满足乡村百姓出行和生产生活物资运输的服务，要扩大其覆盖范围，切实保障农村最基本的交通运输服务，成为城乡公共服务均等化的稳定器。

1.3.2　时代特征

党的十九大后，我国城乡关系进入了以乡村振兴为重点的城乡融合发展新阶段，在全面推进乡村振兴背景下，城乡交通运输一体化发展呈现出新的时代特征。

(1)更加注重城镇交通运输的辐射带动作用。

未来,随着超大城市和特大城市人口、资源等的外溢以及农民工进城务工的趋势延续,农民转移人口市民化的主要载体即为城镇,城镇作为城乡融合发展的关键节点,需要统筹推进空间布局、产业发展、基础设施建设等。城乡交通运输一体化发展,需要推动交通运输资源在县域内优化配置,增强城镇综合交通运输服务能力。

(2)更加注重城乡交通运输服务均等化发展。

交通运输是缩小城乡区域发展差距、促进城乡居民共同富裕的先行领域和基础支撑,城乡交通运输一体化发展应更加注重为乡村提供基本交通运输服务保障,为更好地服务乡村居民出行和经济社会发展需要提供兜底性支撑。推进城乡交通运输服务均等化发展,有助于改善乡村经济发展的环境和条件,畅通城乡经济循环,全面推进乡村振兴,从而实现共同富裕。

(3)更加注重城乡交通运输协同融合发展。

过去在推进城乡交通运输一体化的工作中,通常将场站建设、线路布局、服务提升、运营管理等割裂开来考虑。在城乡融合发展的新阶段,交通运输应作为一个系统,统筹推进基础设施、线路规划、运输服务、运营管理等方面,并促进各种运输方式、各种资源要素融合发展,真正发挥城乡交通运输系统良性循环的协同效应。

(4)更加注重城乡交通运输智能智慧发展。

城乡交通运输一体化发展应注重智慧赋能,通过信息化、智能化管理,实现统仓共配,提高城市绿色货运配送率,同时应加快推进农村运输服务信息化建设,打造农村交通运输综合信息服务平台,强化农村客运、物流、邮政快递等信息共享,满足分散型乡村小规模、个性化的出行及物流需求。推进城乡交通运输智能智慧发展,提升城乡交通运输信息化服务水平,能为不同类型的城乡居民提供定制化的运输服务,提高交通运输系统的服务效率及管理水平。

(5)更加注重建立城乡交通运输一体化发展的长效机制。

城乡交通运输一体化发展是全面推进乡村振兴的重要组成部分,它与乡村振兴同频共振、同步推进,并不是一蹴而就的事情。过去城乡交通运输一体化发展呈现出片段式、阵地战的建设方式,不适宜持久推进。从长期来看,城乡交通运输一体化发展需要从体制机制、政策创新等根本性问题入手,逐步破除发展难题,真正实现要素资源的互联互通,让城乡居民共享更加便捷、更加公平、更有效率的交通运输基本公共服务,增强人民群众的交通获得感。建立城乡交通运输一体化发展的长效机制,应充分发挥县级人民政府的牵头抓总作用,由县交通运输局协调发展改革、自然资源、财政、公安、农业、商务、扶贫、邮政、供销等部门,形成发展合力,共同推进综合交通运输与产业的适配、与城乡居民出行需求和物流需求的有效衔接。

1.4　主　要　内　容

城乡交通运输一体化发展内涵丰富、涉及范围广泛,主要包括基础设施普惠畅达、运输服务普惠均等、数据信息开放共享、政策制度融合协同等内容。

1.4.1　基础设施普惠畅达

加快基础设施一体化建设是城乡交通运输一体化发展的基础,它不仅要求要重视基础设施有效联通,而且要重视基础设施普惠畅达,加快城乡交通运输基础设施一体化建设,首先应强化城乡交通运输基础设施一体化规划布局,打破城乡界线,树立城乡融合发展理念,把城市和农村作为一个有机整体,推进城乡交通运输发展规划编制一体化,补齐发展短板;其次,加快城乡交通运输基础设施一体化建设,要积极推进城镇基础设施向农村延伸、辐射和覆盖,建立完善城乡一体的交通运输基础设施网络,将城乡间的交通运输基础设施进行一体化规划建设,实现城乡客运枢纽场站、停车场与农村公路同步规划、同步设计、同步建设和同步投入使用。加强农村公路骨干路网提挡升级和基础网络延伸完善,打通乡镇、主要经济节点对外快速通道,提高便利性,加快乡村产业路、资源路建设,提升覆盖面和可达性;再次,推进城乡交通运输基础设施一体化建设还应促进交通基础设施自身以及与旅游等其他类别基础设施的融合共用,如交通服务驿站建设、停车与充电设施布局、道路沿线观景设施的开发建设以方便游客驻足观赏乡村美景、道路标志的完善以保障行车安全。

1.4.2 运输服务普惠均等

推进城乡交通运输服务普惠均等要以城乡交通运输服务资源均衡配置为方向,加快推进城乡基本公共服务均等化,逐步形成城乡一体、可持续、公平的城乡交通运输服务体系。一方面,优化客运服务是增强人民群众获得感的关键,包括完善城乡客运服务网络、优化城乡客运线路设置及运力供给、优化城乡客运票制票价、提升城乡客运与旅游融合发展能力、保障城乡客运安全等方面。加快推进城乡客运一体化发展应因地制宜,选择适宜地方发展实情的方式,或者通过城乡客运公交化改造等路径,使城市客运服务向农村延伸,扩大城市公共交通的服务广度,扩张其服务深度,或者将农村客运纳入城市公交体系,强调其公益性,切实推进城乡客运可持续发展。另一方面,货运物流服务一体化是推动农业农村经济发展的主力军,包括构建覆盖县乡村三级农村物流网络、增强邮政普遍服务能力、推进快递服务能力提升、加强农村交通运输资源整合等。

1.4.3 数据信息开放共享

推进城乡交通运输一体化要依托互联网、大数据等现代信息技术,以"互联网＋城乡交通运输"的发展方式赋能。数字乡村建设是数字中国的重要方面,也是乡村振兴的政策方向,伴随网络化、信息化、数字化在农业农村经济发展中的应用,城乡交通运输一体化发展要打造多渠道、多方式、交互式、体验式的出行信息平台,以及集数据交换、信息发布、共同配送、库存管理、决策分析等功能于一体的城乡公共物流信息平台,通过促进城乡交通运输数据信息开放共享,提高城乡交通运输一体化发展的信息化水平,更好地满足人民群众个性化、定制化的出行服务需求以及城乡全产业链的运输服务需求。

1.4.4　政策制度融合协同

　　城乡交通运输一体化发展要充分发挥有为政府、有效市场的作用,广大农村地区发展之所以落后,主要是由于观念落后或者资源禀赋不足所导致,涉及资源、人力、土地、信息、运营管理等多项关键因素,又具有较强的公益性,也涉及发改、财政、农业农村、商务、公安、自然资源等多部门的支持。因此,推进城乡交通运输一体化发展要落实县级人民政府主体责任,完善城乡交通运输一体化管理体制机制,创新有利于促进城乡交通运输一体化发展的政策制度和扶持政策,凝聚中央、地方合力,统筹各相关部门形成发展合力;打破制约城乡交通运输市场要素、资源、服务自由流动的壁垒,协同解决城乡交通运输发展的实际问题;拓宽城乡交通运输发展资金渠道,加强事中引导和事后监管,完善相关政策法规保障体系,协同推进城乡交通运输一体化发展进程。

CHAPTER 2　第**2**章

城乡交通运输一体化
发展现状

城乡交通运输发展在全面推进乡村振兴中扮演重要角色,在促进共同富裕方面发挥基础性、先导性作用。城乡交通运输一体化的发展进程应该与城乡不同发展阶段的特征相适应,并根据城乡关系的演进特点调整城乡交通运输的发展思路,从而为城乡融合发展做好交通支撑。改革开放以来,我国城乡交通运输始终致力于服务支撑农业农村建设,在农村公路建设、农村客运服务水平提升以及农村物流体系的建设方面不断完善,取得了历史性的发展成就,在服务脱贫攻坚和全面建成小康社会方面发挥了重要作用。特别是党的二十大以来,城乡道路网络的路网密度、通达深度、技术等级不断提高,城乡交通运输的服务能力和服务质量不断提升,推动城乡交通运输一体化发展取得明显成效,为推动农业农村现代化和中国式现代化建设奠定了扎实的基础。

2.1 发展历程

改革开放以来,我国交通运输行业解放思想、抓住机遇、深化改革,实现了"瓶颈制约""初步缓解",再到"基本适应""适度超前"跨越式发展,有力地支撑了我国社会经济快速发展。顺应我国综合交通运输发展趋势和城乡关系演变趋势,城乡交通运输发展也经历了城乡分离、城乡统筹、城乡一体以及高质量发展阶段。

2.1.1 第一阶段(1978—2002 年):国家交通主骨架加快建设,农村公路重点解决"通"的问题

改革开放之初,我国交通基础设施建设严重滞后、运输装备水平低、运输保障能力弱,成为制约经济社会发展的瓶颈,尤其是我国农村公路仅有 58.6 万公里,里程少、等级低,难以满足农村经济复苏、乡镇工业发展、农村剩余劳动力进

城等的需求。该阶段,我国交通运输以加快骨架网络建设为重点,打通瓶颈制约,交通基础设施和供给服务能力大幅提升。该阶段我国城乡交通运输发展仍然是以"通"为主,地区间发展不平衡,农村交通运输粗放式发展。

(1)各交通方式骨干网络加快构建。

改革开放以后,我国交通基础设施发展规划逐步制定,1981年划定了国家干线公路网,1990年提出用几个五年计划的时间建设公路主骨架、水运主通道、港站主枢纽和交通支持保障系统(即"三主一支持")的战略构想。1991年,交通部向国务院报送了《关于国道主干线系统规划布局方案的报告》,正式提出建设"五纵七横"国道主干线系统。在这些战略构想和规划的指引下,交通基础设施快速发展,公路建设投资进入"快车道",高速公路建设大规模兴起,公路里程快速增长,截至2002年底,我国高速公路总里程突破2万公里;铁路逐步掀起建设高潮,进一步强化"三西"煤运、南北、西南、东北和西北主要通道,并自1997年起实现四次铁路大面积提速;沿海港口、深水泊位等加快建设,港口基础设施薄弱和能力不足问题逐步缓解,内河航运比重逐步提高;民航机场建设进入高峰期,北京首都机场成为我国第一个拥有两条跑道的国际机场。

(2)农村公路网络建设逐步拓展。

随着全国农业发展改革和农村经济格局的变化,以及我国各交通方式主骨架建设的推动,国家开始重视和支持农村公路发展,掀起农村公路建设新高潮。自1984年底起,国家先后安排了七批以工代赈计划,加大基础设施建设力度,其中,第一、二、三、六、七批以工代赈计划大部分资金用于农村公路建设,有力地促进了农村公路的发展。1994年,我国开始实行"八七"扶贫攻坚计划,从1994年到2000年的七年间,每年投资7亿~10亿元主要用于592个贫困县的农村公路建设,极大地改善了贫困地区农村公路条件。2000年,配合西部大开发,我国开始在西部地区实施总投资为310亿元、涉及1100个县的通县公路建设,重点解决西部地区群众出行难的问题。到2000年,我国不通公路的乡(镇)从5000多个减少到341个,不通公路的行政村从21万多个减少到6万多个。

截至 2002 年底,我国农村公路里程达到 133.7 万公里,等级公路里程占总里程的 74.4%,并已有 80% 以上的农村通了公路。

(3)城乡交通运输服务起步。

为了解决农村运力不足等问题,1983 年,中共中央 1 号文件明确允许农民个人购置机动车、拖拉机和小型船舶从事运输业的政策。同年,交通部提出"有河大家走船,有路大家走车"的口号,大力扶持个体和集体运输,打破地区封锁,开始全面开放交通运输市场。1984 年,国务院先后颁布《关于农民个人或联户购置机动车船和拖拉机经营运输业的若干规定》《关于积极发展农村交通运输的通知》,交通部颁布实施了《关于集体所有制交通运输企业若干政策问题的规定(试行)》,鼓励和扶持交通运输集体企业发展个体运输。为规范农村交通运输管理,1984 年以来,各省(自治区、直辖市)、县(市、区)交通部门相继建立专门的公路运输管理机构,部分县(市、区)在重点乡镇派驻运输管理所、路政、运管、航运等"几合一"的交通管理所。在体制机制改革的推动下,农村客货运输需求明显增加,农村客运班线主要覆盖县城至主要乡镇。截至 2001 年底,农村客运班线 4.1 万条,乡镇通班车、村村通班车率分别为 95% 和 80%。

2.1.2 **第二阶段(2002—2012 年):国家综合交通网持续完善,农村公路"建管养运"全面发力**

2002 年,党的十六大提出全面建设小康社会的目标,我国交通运输逐步由"瓶颈制约""初步缓解"向"基本适应"转变,交通建设、养护和管理更加注重协调发展,综合交通骨干网加快建设,交通运输由传统产业向现代服务业转型。此外,党的十六大首次提出统筹城乡发展,十六届五中全会提出建设社会主义新农村,"三农"问题开始受到重视。该阶段,农村交通建设开始发力,农村公路通行从"走得了"向"走得好、走得安全便捷"转变。

(1)综合交通网络持续完善。

2002 年以来,交通行业持续完善顶层设计,制定了《国家高速公路网规划》

《中长期铁路网规划》《全国沿海港口布局规划》《民航发展"十一五"规划》等一系列国家级规划,并制定了区域交通发展规划,积极推动我国综合交通跨越式发展。公路建设进入良性循环,投资大幅上升,基本建成了国家高速公路网骨架,长三角、珠三角和京津冀地区形成了完善的城际高速公路网,中部地区基本建成了较完善的干线公路网,西部地区公路建设取得了突破性进展;到 2012 年底,我国公路总里程达 423.8 万公里,较 2002 年增加 247 万公里,其中高速公路 11.3 万公里,较 2002 年增加 10.7 万公里。铁路开始大规模建设,主要通道实现客货分线运输,形成了初具规模的发达完善铁路网,铁路运输瓶颈制约基本缓解;到 2012 年底,铁路营业里程达到 9.8 万公里,较 2002 年增加 2.6 万公里。港口建设步伐明显加快,有力支撑了我国外向型经济发展;到 2012 年底,沿海规模以上港口码头泊位数达到 5623 个,比 2002 年增加 4150 个。机场建设呈现井喷式发展,投资大幅上升;到 2012 年底,全国民航机场达到 183 个,比 2002 年增加 42 个。

(2)农村公路开始注重"村村通"和"建管养运并重"。

2003 年,为贯彻落实中央建设社会主义新农村部署,交通部提出"修好农村路,服务城镇化,让农民兄弟走上油路和水泥路"目标,开始实施"东部地区通村、中部地区通乡、西部地区通县"的农村公路通达和通畅工程建设。2002 至 2005 年建成县乡公路 17.6 万公里,掀起农村公路建设新高潮。2005 年,国务院出台我国第一个全国性、系统性的农村交通基础设施建设中长期规划——《全国农村公路建设规划》,要求到 2020 年实现"村村通"。2006 年,交通部启动实施"农村公路建设五年千亿元工程",同年制定印发了《农村公路建设管理办法》,提出农村公路建设"逐步实行政府投资为主、农村社区为辅、社会各界共同参与的多渠道筹资机制""农村公路建设资金列入地方政府的财政预算",进一步促进农村公路的发展。截至 2012 年底,全国农村公路达到 367.84 万公里,十年间新增约 117 万公里,年均增速超 4%,乡镇通公路率和通沥青(水泥)路率分别达到 99.97% 和 97.43%。此外,该阶段农村公路"重建轻养"问题有效改善。2005 年,国务院办公厅印发

《农村公路管理养护体制改革方案》，首次提出"建管养并重"，要求建立"责任以县级政府为主体、资金以公共财政为主体"的养护机制，各省（自治区、直辖市）逐步开始试行"路长制""以奖代补"等模式，探索多元化管养路径。

（3）城乡交通运输服务保障能力快速提升。

为满足农民"走得了、走得快、走得好"和"早进城、晚回家"的出行要求，交通部于2004年开始推进城乡客运专项工程，积极推进农村客运站场和客运网络化建设。按照"开得起、留得住、有效益"的指导原则，采取切实有效措施，扩大客车通达范围，加快客运站点建设，为农民群众提供安全、优质、便捷的客运服务。2008年，交通部印发《2008年农村公路工作若干意见》，提出了"发展客运，提高农村公路交通服务水平"的工作要求，提出"加强农村客运站点建设，与农村公路同步规划、同步设计、同步建设、同步验收"及"根据农村公路通达、通畅情况，及时开通农村客运班线，科学调整改造和延伸现有客运线路，适当增加班次密度，努力提高客运班车在农村地区的覆盖面"。为扶持农村客运的发展，国家实施了农村客运燃油补贴政策，加大了对农村客运站场建设的投入，农村客运车辆和客运班线不断增加。这一阶段，交通运输部开始推进城乡客运一体化发展进程。2011年，制定了《关于积极推进城乡道路客运一体化发展的意见》，旨在推动城乡道路客运发展更加协调、网络衔接更加顺畅、政策保障更加到位，服务广度和深度逐步提升。截至2012年底，乡镇通达农村客运车辆的比例已经超过98.0%，建制村通车率超过91.0%。

由于我国农村经济快速发展，而农村物流体系不健全、农村流通渠道不畅、市场化程度低等问题日益凸显，随着邮政改革的不断深化和邮政物流专业化经营的加快推进，农村邮政物流已成为农村物流体系的重要组成部分。在这一阶段，我国农村物流的发展主要依托于农村邮政物流体系。2009年，国务院审议通过了《交通运输部等部门关于推动农村邮政物流发展的意见》，提出"推进农村邮政基础设施建设、支持邮政进入农资市场、鼓励发展连锁经营的农村物流体系以及完善政策扶持机制"等多项主要任务。为满足农村对散货运输的需求,一些地方尝试将乡镇客运站改造为客货一体站,发展邮政"三农"服务网点等作为货运公交停靠点,开通规范的"五定"货运公交来满足农村物流需求,结合固定配送、流动配送和预约配送等模式,促进农村货物高效流转。

2.1.3　第三阶段(2012—2020 年):现代交通运输体系加快构建,城乡交通运输一体化发展

党的十八大以后,交通运输部加快综合交通、智慧交通、绿色交通、平安交通"四个交通"建设,推动基础设施建设网络化和运输服务一体化,推动形成安全、便捷、高效、绿色、经济的现代交通运输体系。与此同时,国家提出"推动城乡发展一体化",形成"以工促农、以城带乡、工农互惠、城乡一体"的新型工农关系。2017 年,党的十九大报告首次提出实施乡村振兴战略。由此,城乡交通运输开启一体化发展进程。

(1)现代化综合交通体系加快构建。

该阶段,交通一体化作为我国交通行业发展的先行领域,不断加快构建快速、便捷、高效、安全、大容量、低成本、互联互通的综合交通网络。《"十二五"综合交通运输体系规划》提出初步形成以"五纵五横"为主骨架的综合交通运输网络,《"十三五"现代综合交通运输体系发展规划》要求构建横贯东西、纵贯南北、内畅外通的"十纵十横"综合运输大通道。2015 年,国家发展和改革委员会、交通运输部联合印发《城镇化地区综合交通网规划》,提出依托国家综合运输大通道,联通21 个城镇化地区,重点加强城镇化地区内部综合交通网络建设。同时,"十二五"初期,交通运输部启动了综合客运枢纽和公路货运枢纽(物流园区)试点工作。2016 年,交通运输部印发了《"十三五"综合客运枢纽建设方案》《"十三五"货运枢纽(物流园区)建设方案》及配套管理办法,综合交通枢纽建设加快推进。综合运输服务方面,2015 年 7 月,交通运输部与国家发展和改革委员会联合发布《关于开

展多式联运示范工程的通知》,揭开了多式联运示范工程的序幕。同年,交通运输部选择上海、杭州、武汉等16个城市(城市群)开展了第一批综合运输服务示范城市建设工作。2017年12月31日,交通运输部、国家发展和改革委员会等七部门联合发布了《关于加快推进旅客联程运输发展的指导意见》,引领旅客联程运输服务创新发展,道路客运与铁路、水路、民航的协调衔接更加紧密。

(2)"四好农村路"建设扎实推进。

该阶段是打赢脱贫攻坚战的重要阶段。2015年,交通运输部印发《关于推进"四好农村路"建设的意见》《农村公路养护管理办法》,有序推进"溜索改桥""百项交通扶贫骨干通道工程"等工作。为加快贫困地区交通发展,2016年7月,交通运输部印发《"十三五"交通扶贫规划》,将革命老区、民族地区、边疆地区、集中连片贫困地区1177个县(市、区)全部纳入规划,加快贫困地区交通发展,提高交通扶贫精准性和有效性。2017年,习近平总书记再次强调:"要坚持以人民为中心的发展思想,进一步深化对建设农村公路重要意义的认识,聚焦突出问题,完善政策机制,既要把农村公路建好,更要管好、护好、运营好,为广大农民致富奔小康、为加快推进农业农村现代化提供更好保障。"❶同年,浙江省安吉县成为首个"四好农村路"全国示范县,形成可复制的经验。2019年,交通运输部、国家发展和改革委员会等七部门联合印发《关于推动"四好农村路"高质量发展的指导意见》,加快农村公路发展从规模速度型向质量效益型转变。至2020年,全国实现具备条件的乡镇和建制村100%通硬化路、通客车,农村公路总里程从2012年的367.84万公里增至2020年的438.23万公里,县县通公路,甚至县县通高速公路的农村交通条件使农村交通从"走得通"向"走得好"转变。

(3)城乡交通运输一体化发展。

自2016年起,我国加快推进以县域为单元的城乡交通运输一体化建设,提

升交通运输公共服务水平,促进道路客运一体化、货运一体化、客货邮融合以及"交通+"融合发展。2017年,交通运输部印发《关于稳步推进城乡交通运输一体化提升公共服务水平的指导意见》,开启了城乡交通运输一体化建设。同年,交通运输部启动首批城乡交通运输一体化示范县创建工作,旨在通过示范引领推动城乡交通基础设施和运输水平提升,首批共确定52个县(市、区)为创建单位,包括北京市怀柔区、天津市武清区、河北省平泉市、广东省紫金县等,该阶段,城乡交通运输服务水平显著提升。2014年,全国启动"快递下乡"工程,"县-乡-村"三级物流网络加快建设,2019年,交通运输部出台了《关于深化交通运输与邮政快递融合 推进农村物流高质量发展的意见》,推动交通运输与邮政快递在农村地区融合发展,提高农村物流服务覆盖率,全面推进农村物流高质量发展。2020年,我国农村地区收投快件超300亿件,占全国业务总量的36%,乡镇快递网点覆盖率达98%,直投到村比例超50%,全国建制村实现100%直接通邮,邮政普遍服务均等化基本实现。同时,农村客运加快发展,服务覆盖全面完成,截至2020年8月底,全国具备条件的3.1万余个乡镇和54.3万余个建制村全部实现通客车,形成了遍布农村、连接城乡、纵横交错的农村客运网络,农民群众"出行难"问题得到了有效解决。部分地区农村客运逐步向公交化运营转变,2020年通公交的乡镇和建制村比例分别达43.9%和50.6%,并灵活开行"赶集班""农忙班"等定制化服务,逐步探索出现"农村客运+快递物流"等融合发展方式,农村客运发展质量逐步提升。

2.1.4 第四阶段(2020年至今):国家综合立体交通网高质量发展,城乡交通运输注重融合发展

2019年,中共中央、国务院印发《交通强国建设纲要》,提出2021年到21世纪中叶,分两个阶段推进交通强国建设。"十四五"期是我国交通强国建设的首要阶段。该阶段,交通运输行业以高质量发展为主题,围绕构建现代化综合交通运输体系和提高综合运输服务能力,实现全方位发展。与此同时,我国城乡

交通运输以服务乡村振兴为核心,聚焦基础设施补短板、运输服务提质效、城乡融合促发展,取得了显著成效,城乡交通运输进入融合发展阶段。

(1)国家综合立体交通网高质量发展。

2021年,中共中央、国务院印发《国家综合立体交通网规划纲要》,要求以推动高质量发展为主题,构建便捷顺畅、经济高效、绿色集约、智能先进、安全可靠的现代化高质量国家综合立体交通网。在此指引下,截至2024年底,我国综合立体交通网总里程600万公里,其中,铁路营业里程16.2万公里,高速铁路里程4.8万公里,高速公路里程19.07万公里,高等级航道通航里程6.84万公里。国家综合立体交通网主骨架"6轴7廊8通道"已建成26万公里,建成率约90%,陆海联动、东西互济的国家综合立体交通网的主骨架逐步形成。同时,我国运输服务规模不断增长,人民群众出行更加便捷,交通物流降本提质增效加快推进,技术装备水平不断提高,绿色低碳水平快速提升,国际运输便利化提质扩面。2024年,我国全年客运量达到645亿人次,日均1.8亿人次,同比增长5.2%;货运量达到565亿吨,日均1.5亿吨,同比增长3.5%;港口货物吞吐量达到175亿吨,同比增长3.4%。交通运输有力服务了我国经济社会高质量发展,有效畅通了国民经济大循环,中国现代化开路先锋的作用日益凸显。

(2)"四好农村路"实现向质量效益的转变。

2021年,交通运输部印发《农村公路中长期发展纲要》,提出以"四好农村路"高质量发展为主题,推动农村公路发展质量变革、效率变革、动力变革,提升服务品质、提高服务效率、拓展服务功能。截至2024年底,全国545个示范县加强"四好农村路"建设,形成了可复制的建设管理经验,通过推行"路长制",各县实现了农村公路管理养护责任落实到人,并构建了以县级政府为主体、交通部门行业指导、多部门协同联动、社会力量共同参与的管养体系。产业路、旅游路、资源路等新增超过5万公里,切实助力乡村特色产业发展。截至2024年底,农村公路总里程达到464.37万公里,实现了具备条件的乡镇和建制村全部通硬化路,形成了"外通内畅、通村畅乡"的农村交通运输网络。"十四五"期,我国农村公路实现了"有没有"向"好不好"的历史性转变,为乡村振兴提供了强有力的支撑。

(3)城乡交通运输更加注重融合发展。

"十四五"期,我国城乡交通运输服务能力显著增强,具备条件的乡镇和建制村通客车脱贫攻坚成果不断巩固拓展。2021年,交通运输部、公安部等部门联合印发《关于推动农村客运高质量发展的指导意见》,推动农村客运由"开得通、走得了"向"留得住、通的好"转变。各地聚焦重点时段、重点群体出行需要,增开客运专线、开行定制线路、"点对点"包车等形式,保障农村群众"行有所乘"。农村客运汽车创新发展"客运班线＋区域经营＋预约响应"等灵活多样的农村客运组织模式,推进农村客运服务优化升级。截至2023年底,具备条件的乡镇和建制村通客车率保持100%,乡镇和建制村通客车率分别达99.8%、99.7%,52.1%的建制村实现了通公交。城乡交通运输一体化发展水平显著提升,完成验收并命名102个城乡交通运输一体化示范县,城乡交通运输一体化发展水平达到AAAAA级及以上的区县比例达71.6%。农村物流服务网络加快完善,打造了一批网络覆盖健全、资源整合高效、运营服务规范、产业支撑明显的农村物流服务品牌,构建了模式创新、运营高效、安全绿色的农村物流服务体系。截至2023年底,已开展四批共150个农村物流服务品牌推广工作,农村物流服务品牌项目共培育发展龙头骨干企业206家,使用新能源车辆的服务品牌项目占80%。农村客货邮融合发展加快,截至2023年底,所有省(自治区、直辖市)和超70%地级以上城市建立了交通运输、邮政、商务、供销等部门共同参与的工作机制,共建成县、乡、村三级客货邮服务站点9万余个,形成"客运邮路""货邮同网"等典型模式,有效巩固了通客车成果,农村物流、邮政快递降本增效取得明显进展,带动了农村电商、特色产业等蓬勃发展。该阶段,城乡交通运输在全域公交发展、城乡客货邮融合发展、运游融合发展等方面进行了积极探索,"人享其行、物畅其流"的发展目标逐步在城乡地区落实,城乡交通运输一体化发展水平进一步提升。

我国城乡交通运输发展相关政策见表2-1。

表 2-1

我国城乡交通运输发展相关政策

序号	时间	颁布单位	政策名称	主要内容
1	2025 年 1 月	交通运输部	《关于发挥交通运输作用促进全社会高质量充分就业的指导意见》	推动城市群、都市圈，城乡交通运输一体化发展，支持区域间、城乡间各类要素双向流动、平等互换、合理配置
2	2024 年 1 月	交通运输部	《关于加快推进农村客货邮融合发展的指导意见》	深入推进农村客货邮运行机制、基础设施、运输线路、运营信息等共建共享，支持将农村客货邮融合发展作为城乡交通运输一体化示范县创建等内容
3	2023 年 8 月	中央财经委员会办公室	《关于加快推进农村流通高质量发展的指导意见》	统筹城乡商贸流通、交通运输、物流配送、邮政快递接送，促进城乡商业连锁经营、交通设施互联互通、城乡物流有机衔接，着力构建高效顺畅的城乡流通网络
4	2023 年 3 月	交通运输部、文化和旅游部	《关于加快推进城乡道路客运与旅游融合发展有关工作的通知》	加快推进城乡道路客运与旅游融合发展，鼓励各地将客运游融合发展作为城乡交通运输一体化创建的重要内容
5	2022 年 6 月	交通运输部	《中共中央 国务院关于完整准确全面贯彻新发展理念做好碳达峰碳中和工作的意见》	推进城乡交通运输一体化发展，构建完善、合理、便捷的城乡公共交通体系
6	2021 年 12 月	国务院	《"十四五"现代综合交通运输体系发展规划》	统筹新型城镇化和乡村振兴发展需要，逐步提升城乡交通运输一体化水平
7	2021 年 8 月	交通运输部	《关于推动农村客运高质量发展的指导意见》	从完善安全便捷的基础设施网络，构建智慧智能的运营管理服务体系，打造集约节约共享的发展模式，健全安全可靠的运营服务供给方式，营造公平有序的市场发展环境，建立长效稳定的可持续发展机制，深化以点带面的示范创建活动等方面提出农村客运高质量发展意见

续上表

序号	时间	颁布单位	政策名称	主要内容
8	2021 年 7 月	国务院	《关于加快农村寄递物流体系建设的意见》	鼓励各地区深入推进"四好农村路"和城乡交通运输一体化建设,合理配置城乡交通资源,完善农村客运班车代邮快件合作机制,宣传推广农村物流服务品牌
9	2021 年 5 月	交通运输部	《关于巩固拓展交通运输脱贫攻坚成果全面推进乡村振兴的实施意见》	从推动交通提档升级、改善农村交通环境、提升运输服务供给、强化管理养护升级、加强组织文化建设等方面提出推进农村交通高质量发展,全面支撑乡村振兴战略实施的举措
10	2021 年 5 月	交通运输部	《关于深化"四好农村路"示范创建工作的意见》	创建重点围绕农村公路治理能力、公路网络体系建设、管护保障体系、综合运输服务体系、群众获得感、公路示范引领作用、信息化水平、安全保障能力开展
11	2021 年 4 月	国家发展和改革委员会	《2021 年新型城镇化和城乡融合发展重点任务》	推进城乡道路客运一体化发展,推进公路客运站改建迁建和功能提升
12	2021 年 3 月	国务院	《国家综合立体交通网规划纲要》	推进城乡交通运输一体化发展;加快推动乡村交通基础设施提档升级,全面推进"四好农村路"建设,实现城乡交通基础设施一体化规划、建设、管护;畅通城乡交通运输连接,推进县乡村(户)道路连通,城乡交通运输一体化,解决好群众出行"最后一公里"问题,提高城乡交通运输公共服务均等化水平,巩固拓展交通运输脱贫攻坚成果同乡村振兴有效衔接
13	2021 年 2 月	交通运输部	《农村公路中长期发展纲要》	从构建便捷高效、普惠公平、安全宜人、运转高效、适用多元、便民多元、畅通集约的农村公路骨干网七个方面提出农村公路发展任务

续上表

序号	时间	颁布单位	政策名称	主要内容
14	2020年12月	国务院	《关于实现巩固拓展脱贫攻坚成果同乡村振兴有效衔接的意见》	从建立健全巩固拓展脱贫攻坚成果长效机制、聚力做好脱贫地区巩固拓展脱贫攻坚成果同乡村振兴有效衔接重点工作、着力低收入人口常态化帮扶机制、着力提升脱贫地区整体发展水平、加强脱贫攻坚政策与乡村振兴政策有效衔接等方面提出实现巩固拓展脱贫攻坚成果同乡村振兴有效衔接的意见
15	2019年8月	交通运输部	《关于深化交通运输与邮政快递融合推进高质量发展的意见》	从推动网络节点共建共享、支持运力资源互用互补、推进融合运营、推动多方协作联动、协同抓好落实五个方面提出深化交通运输与邮政快递融合推进高质量物流高质量发展的意见
16	2019年7月	交通运输部	《关于推动"四好农村路"高质量发展的指导意见》	提出实施"脱贫攻坚补短板工程""乡村振兴发展工程""凝聚民心助增收工程""统筹城乡提升服务工程""长效机制强管养工程""典型带动、示范引领工程""现代治理夯基础工程""放心路、放心桥、放心车保安全工程"八个方面重点工作
17	2019年4月	交通运输部	《关于加快道路货运行业转型升级促进高质量发展意见的通知》	深入推进多式联运示范工程、城乡物流配送示范工程、绿色货运配送示范工程，推广应用先进运输组织模式
18	2016年12月	交通运输部	《关于深化改革加快推进道路客运转型升级的指导意见》	从提升路客运创新发展能力、综合服务能力、安全生产能力，推进道路客运价格市场化改革和建设与互联网融合的智慧服务体系统五个方面提出道路客运转型升级的意见
19	2016年10月	交通运输部	《关于稳步推进城乡交通运输一体化提升公共服务水平的指导意见》	从加快推进城乡交通运输基础设施一体化、城乡客运服务一体化、城乡货运物流服务一体化、努力营造城乡交通运输一体化发展环境四个方面提出推进城乡交通运输一体化的指导意见

续上表

序号	时间	颁布单位	政策名称	主要内容
20	2016年9月	国家发展和改革委员会	《物流业降本增效专项行动方案(2016—2018年)》	健全农村物流配送网络;建立农村物流大企业联盟,推动物流企业、电商企业利用邮政、供销合作社等充分利用现有物流资源开展深度合作,推动县乡级仓储配送中心、农村物流公共取送点建设,完善县乡乡三级物流配送网络
21	2016年6月	国家发展和改革委员会	《营造良好市场环境推动交通物流融合发展实施方案》	发展"互联网+城乡配送",鼓励利用邮政、供销社等网点,开展农村共同配送,结合农村创业需要,发展农村物流服务合伙人,打通农资、消费品下乡和农产品进城高效便捷通道
22	2015年5月	交通运输部	《关于推进"四好农村路"建设的意见》	从注重连通向提升质量安全水平转变,从以建设为主向建管养运协调发展转变,从适应发展向引领发展转变
23	2015年4月	交通运输部	《关于加快推进农村客运发展有关事项的通知》	从进一步加快农村客运基础设施建设、发展支持力度、安全保障能力、建设通达情况动态监管机制四个方面提升农村客运服务水平,加快推进城乡客运基本公共服务均等化
24	2015年3月	交通运输部	《关于协同推进农村物流健康发展 加快服务农业现代化的若干意见》	从加快完善农村物流基础设施,推广应用先进适用的农村物流装备,提升农村物流信息化水平,培育农村物流经营主体,强化政策措施保障六个方面全面提升农村物流发展水平
25	2014年9月	国务院	《关于印发物流业发展中长期规划(2014—2020年)的通知》	加快完善城乡配送网络体系,统筹规划、合理布局物流园区,配送中心、末端配送网点等三级配送网络节点,积极推进县、乡村消费品和农资品配送公共服务平台,搭建城市配送网络体系建设
26	2013年9月	交通运输部	《关于改善提升交通运输服务的若干指导意见》	统筹城乡发展,提升交通运输基本公共服务均等化水平

续上表

序号	时间	颁布单位	政策名称	主要内容
27	2013 年 6 月	国务院	《国务院关于城市优先发展公共交通的指导意见》	促进城市内外交通便利衔接和城乡公共交通一体化发展
28	2011 年 9 月	交通运输部	《关于积极推进城乡道路客运一体化发展的意见》	从加快完善城乡道路客运一体化规和标准规范体系，建设城乡道路客运服务保障网络，落实城市公共交通优先发展战略，提升农村客运普遍服务能力，推进道路客运经营结构调整，加强城乡道路客运安全管理，建立科学合理的城乡道路客运票制体系七个方面提出推进城乡一体化发展的意见
29	2009 年 5 月	交通运输部	《关于进一步促进公路水路交通运输业平稳较快发展的指导意见》	统筹城乡客运发展，大力发展旅游客运，快速客运和农村客运，建立方便快捷，满足不同层次出行需求，网络化运营的客运服务体系
30	2008 年 4 月	交通运输部	《2008 年农村公路工作若干意见》	提出加大对特殊困难地区农村公路的投入，逐步消灭县道中桥以上，乡道大桥以上危桥，加大农村公路治超力度，实施农村客运公交化改造，确保鲜活农产品运输按规定装车，配载和运输等农村公路重点工作
31	2008 年 1 月	交通部	《关于加快发展现代交通业的若干意见》	发展农村客运，促进服务均等化；创新城乡客运管理体制，研究制定进一步支持农村客运的相关扶持政策，推动建立城乡统一的客运市场；统筹规划农村公路，客运站点和线路布局，加快乡镇客运站点建设，探索农村客运公交线路公交化运营模式改革，提高乡镇客运班车的通达率和覆盖率

2.2 发 展 成 就

2.2.1 城乡交通基础设施网络更加完善

(1)"四好农村路"建设深入推进。

近年来,我国"四好农村路"建设取得了实实在在的成效,农村公路成为农村地区摆脱贫困、实现小康、走向富裕的重要载体。以"建好、管好、护好、运营好"为要求的"四好农村路"建设已十年有余,2024年底,我国农村公路总里程已占全国公路总里程的84.6%,农村公路的覆盖范围、通达深度、管养水平、服务能力、质量安全水平显著提高。

①农村路网不断延伸,出行条件更加便捷高效。2014—2024年,全国新改建农村公路超267万公里,累计解决了838个乡镇、7.08万个建制村通硬化路难题,实现了具备条件的约3万个乡镇、超过50万个建制村全部通硬化路;有序实施了较大人口规模自然村(组)通硬化路建设,旅游景点、产业园区、资源矿产等农村地区主要经济节点的通硬化路问题基本解决;偏远地区,尤其是山区农民群众对外出行更加便捷。农村公路技术等级逐年提高,截至2024年底,全国农村公路总里程达到464万公里,农村公路等级路里程及比例分别达到451万公里和97.2%,铺装路面里程及比例分别达到422万公里和91.8%,相比十年前分别提高了12.3个百分点、27.2个百分点。2017—2024年我国农村公路里程的变化趋势如图2-1所示。外通内联、通村畅乡的农村交通网络不断完善,有效打通了制约农村发展的交通瓶颈,农村地区"出行难"得到有效解决,"晴天一身土,雨天一身泥"成为历史。

②农村公路养护成效显著,路况更加舒适、安全、耐久。农村公路管养机制更加完善,路况水平、安全水平显著提升,路域环境更加美观,"畅安舒美"

的农村公路成为广袤山乡的风景线。2014—2024 年,我国累计实施修复养护工程 231 万公里,优良中等路率从 79% 上升至 94.8%,基本实现"有路必养、养必到位";加快推进农村公路路况自动化检测,2024 年农村公路路面自动化检测比例达到 81.8%;累计实施农村公路安全生命防护工程 134 万公里,标志标线、减速带、信号灯等安全设施设置不断完善,农村公路安全防护水平显著提高;累计实施农村公路危旧桥改造 6.5 万座,危桥总数逐年下降,一、二、三类桥梁比例从 83.2% 上升至 98.6%,农村公路桥梁安全耐久水平不断提高;农村公路养护资金保障逐步强化,构建起以公共财政投入为主、多渠道筹措为辅的资金渠道;各地部署落实农村交通安全设施与公路建设主体工程同时设计、同时施工、同时投入使用的"三同时"制度,农村公路安全通行条件不断提升。

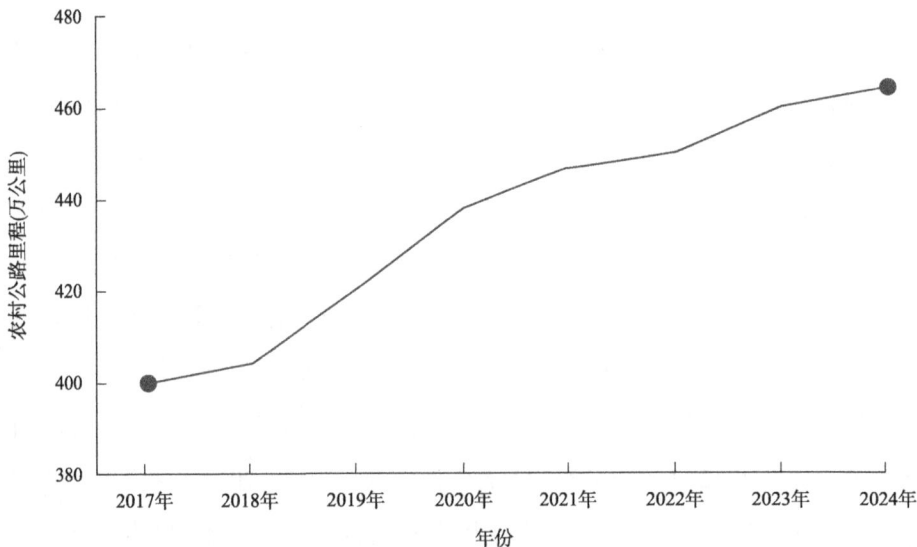

图 2-1　2017—2024 年我国农村公路里程变化趋势

③政策制度体系不断完善,建立多元化资金保障机制。我国建立了覆盖体制、机制、组织、监管、资金、考核、服务等领域的农村公路政策制度体系,相继出台《农村公路中长期发展纲要》《农村公路建设管理办法》《关于推动"四好农村

路"高质量发展的指导意见》等 20 多项事关农村公路发展的政策文件。中央和地方各级政府逐步构建了"政府主导、分级负责、多元筹资、规范高效"的农村公路资金筹措体制机制,保障我国农村公路快速发展。交通运输部持续加大中央车购税等对农村公路的补助,助力农村公路加快建设,2014—2024 年,我国农村公路累计投入车购税资金 8100 亿元,带动全社会投资 4.7 万亿元。

（2）城乡交通运输场站体系日益完善。

①农村客运站发展逐渐向"一点多能、多站合一"转变。近年来,越来越多的农村客运站积极探索"一点多能、多站合一"的经营服务模式,依托县城和乡镇客运站打造具备客运、货运、物流、邮政、快递、供销网点、电商、旅游等多项功能为一体的综合运输服务场站,站点布局从"单一大站"向"多点串联"分散式布局转变。截至 2024 年底,全国农村客运站总数达到 28.8 万个,其中,农村三级及以上客运站 965 个,占全国三级及以上客运站总数的 26.1%。全国东部、中部、西部地区农村客运站总数分别为 10.0 万个、11.7 万个、8.4 万个。具备两种及以上功能的乡镇客运站占比约为 80%。

②农村物流网络节点体系建设不断完善。截至 2023 年底,各地整合客运站、货运站、邮件快件处理场地、供销合作社仓储物流设施、电商仓储场地等建成 1267 个县级寄递公共配送中心,整合利用邮政、快递、供销、电商等村内设施资源建设 28.9 万个村级寄递物流综合服务站,推动完善城乡物流服务设施体系,有效促进了城乡物流的畅通快捷。

2.2.2　城乡交通运输服务水平不断提升

（1）城乡客运服务更加普惠均等。

①全国千乡万村实现通客车。各地结合实际,通过农村公共汽电车、农村班车客运、区域经营、预约响应等多种形式,形成了以县城为中心、乡镇为节点、建制村为网点,遍布农村、连接城乡、纵横交错的农村客运服务网络,乡村之间、

城乡之间连接更加紧密。2014—2023 年,我国累计新增通客车乡镇超过 1100 个、建制村超过 4.5 万个,具备条件的乡镇和建制村通客车比例均达到 100%,一半以上的建制村通了公交。

②城乡客运服务质量持续提升。各地不断探索创新农村客运运营模式,推动城镇化水平较高的地区公交线路向乡村延伸和农村客运班线公交化改造,提升城乡客运均等化水平。在重点时段开通学生班、赶集班、春耕班、秋收班、旅游专线等特色服务,最大限度满足广大农民群体性、潮汐性、节令性出行需求。在客流相对较少的地区,根据经营区域内群众出行需求灵活采用区域经营、预约响应等农村客运形式,实现服务质量的同时兼顾了运营成本。在农村客运车辆安装动态监控终端,因地制宜建设农村客运信息系统,进一步提升农村客运服务的精准性和安全性。农村客运车辆车况明显提升,截至 2023 年底,农村客运车辆达 34.2 万辆,新能源、中高等级车辆比重不断提高。

(2)城乡货运物流服务更加集约高效。

①农村物流服务通达率显著提升。农村地区网购需求日渐增长、农产品进城需求进一步增加,我国农村寄递物流体系实现从初步建立到日渐完善,主要快递企业通过延伸服务网络、加大设备投入、优化服务管理等方式,不断提升农村地区物流服务能力。目前,我国每天约 5 亿件快递包裹被揽收,其中超 1 亿件快递包裹在农村地区流动。截至 2024 年底,全国 100% 的建制村已实现快递服务覆盖,农村寄递"最后一公里"问题得到有效解决。

②农村物流服务模式不断创新。各地深化农村物流与客运、邮政、商贸融合发展,探索形成客货邮融合、邮快合作、共同配送等多种发展模式,提高农村地区物流资源整合效率。"客运＋货运两网合一""网络平台货运＋农村物流""特色产业＋农村物流""电子商务＋农村物流"等农村物流新模式蓬勃发展,以点带面提升农村物流综合服务能力,夯实农村地区物流服务网络基础。

2.2.3　城乡交通运输融合发展持续深化

（1）农村客货邮融合发展加快推进。

为统筹解决农村客运可持续运营、快递下乡进村和农产品出村进城难题，交通运输部发布《关于加快推进农村客货邮融合发展的指导意见》，坚持"政府引导、市场主导"，深入推进农村客货邮运行机制、基础设施、运输线路、运营信息等共建共享，加强资源统筹利用，推动融合发展。截至 2024 年底，全国超 1500 个县级行政区开展了农村客货邮融合业务，开通客货邮融合线路 1.3 万余条，投入代运邮件客车 3.2 万余辆，客车年代运邮件快件超 3.5 亿件，有效巩固了通客车成果，农村物流、邮政快递降本增效取得明显进展，带动了农村电商、特色产业等蓬勃发展。

（2）"交通运输＋"融合发展成效显著。

城乡交通运输与农业、旅游、文化等业态的融合发展不断深化，带动乡村产业和乡村经济蓬勃发展。根据农村产业特点，推动专业化和综合性城乡物流体系建设，尤其是电商、专业配送、冷链配送等服务体系，实现城乡物流一体化配送，提高农产品流通效率。"交通＋旅游""交通＋特色产业""交通＋电子商务""交通＋信息智能"等融合发展模式不断创新，为乡村经济持续注入新的发展活力。

2.2.4　城乡交通运输支持政策更加健全

（1）城乡交通运输发展政策体系逐渐完善。

为加快推进城乡交通运输一体化，更好地满足人民群众出行和城乡经济社会发展需要，交通运输部等 11 部门联合发布《关于稳步推进城乡交通运输一体化提升基本公共服务水平的指导意见》，加快推进城乡交通运输基础设施一体化、城乡客运服务一体化、城乡货运物流服务一体化建设，营造城乡交通运输一体化发展环境。建立考核评估机制,开展城乡交通运输一体化发展水平年度评估工作,有针对性地推进城乡交通运输一体化发展。截至 2023 年底,城乡交通运输一体化发展水平达到 AAAA 级及以上的县级行政区占比达 93.6%。

(2)通过示范推广增强城乡交通运输服务效能。

交通运输部通过示范引领、典型案例推广等方式,持续探索发展路径,带动农村交通运输整体发展水平提升。先后组织开展了"四好农村路""城乡交通运输一体化示范县"等示范创建,以县级行政单位为创建主体,推动"四好农村路"高质量发展、城乡交通运输一体化水平全面提升。2018 年以来,我国累计命名"四好农村路"全国示范县 545 个,城乡交通运输一体化示范县 102 个。此外,注重加强经验总结和推广,在"路长制"、信息化应用、资金筹措、交旅融合、客货邮融合、促进共同富裕等领域形成 100 余个典型案例和 150 个农村物流服务品牌。

2.3 存在问题

2.3.1 城乡交通运输一体化发展统筹规划有待加强

我国许多县域城乡之间客货运输场站、运输服务供给等未实现有效的统一规划和一体化建设与运营,导致"城"与"乡"的交通运输差距较大,城乡交通基础设施和运输服务向乡村延伸覆盖以及与邻近县域的衔接配合上仍显不足。农村公路与城市道路、农村客运与城市公交等在法规、政策、标准上仍然分属两个体系,相互间统筹衔接不够。此外,城乡交通运输发展与地区城镇体系建设和产业发展的适配性不够,支撑新型城镇化建设和乡村全面振兴的作用仍有待加强。因此,无论是基础设施建设、运营组织,还是政策标准方面,均亟须对城乡交通运输一体化发展进行统筹规划。

2.3.2 城乡客运一体化可持续发展能力有待增强

（1）农村客运改革难度大。

近年来，农村客流明显下降，农村客运实载率显著降低，客运经营困难现象越发凸显。同时，农村客运经营主体普遍"小、散、弱"，部分地区农村客运班线经营主体众多，农村客运改革面临较大阻力。全国各地县级财政能力相对较弱，对城乡交通运输的重视程度不够，除中央给予的农村客运补贴外，缺乏可持续资金投入机制。

（2）多业态资源整合力度不够。

农村地区客货运场站以及客货运经营企业业务普遍较为单一，自我造血能力和抗风险能力较弱，影响城乡客运可持续稳定发展。城乡客运、邮政快递、商务、供销等各自布点、各自运营的现象普遍存在，多业态融合发展的程度不高，各地政府对农村交通运输资源的协调发展机制尚未有效建立。

2.3.3 城乡交通运输一体化发展信息化智慧化水平有待提高

在当前城乡交通运输一体化发展中，虽然已有基础设施、客运、物流等交通要素与信息技术的融合发展探索，但信息化发展水平仍显不足，智慧赋能城乡交通运输一体化发展的效能并未充分挖掘。例如，农村地区物流设施设备智能化、自动化程度普遍不高，物流信息平台建设滞后，物流信息交换共享存在瓶颈制约，一定程度上制约物流效率提高。信息化、智慧化发展是提高城乡交通运输一体化服务质量和效率的重要支撑，但目前城乡客货运输信息的采集、整合及有效利用还远远不够，互联网、大数据等信息技术与城乡交通运输发展的深度融合有待加强，在城乡交通运输一体化服务中的应用场景有待进一步探索和创新。

CHAPTER 3 第 3 章

城乡交通运输一体化
发展趋势

新发展阶段,城乡交通运输受到多种因素的综合影响,呈现出较为复杂的需求态势。以县城为中心聚集,广大农村较为分散的城乡根本空间格局,是影响城乡交通运输格局的底层因素;人口的大规模流动,无论是在城乡间还是区域间,都使得城乡交通运输呈现出不稳定的持续变化;城乡的人口、经济、产业以及城乡节点的差异,使得不同区域的乡村居民运输需求存在一定的空间差异,不同主体的各类多元化、个性化的运输需求也呈现不同特征。总体而言,在人口、产业、财政、改革等因素的影响下,我国城乡交通运输在客运、物流、融合发展、体制机制等方面都出现新的变化,未来发展中需要关注和适应。

3.1 发展要求

3.1.1 人口:以县城为重要载体的新型城镇化建设,促使人口结构面临新的变化

2024年7月国务院印发的《深入实施以人为本的新型城镇化战略五年行动计划》提出,增强城镇综合承载能力;以县域为基本单元推进城乡融合发展,推动城镇基础设施和公共服务向乡村延伸覆盖,促进县乡村功能衔接互补;加强规模较大的中心镇建设,促进农业转移人口就近城镇化;引导人口持续减少的县(市、区)转型发展,促进人口和公共服务资源适度集中。根据国家新型城镇化发展导向近年来发展趋势,未来我国城镇化将呈现新的发展特点,对城乡交通运输服务也带来新的要求。

(1)城镇化模式发生变化:由异地城镇化为主逐步转向以县城为载体的新型城镇化。

习近平总书记强调:"要把县域作为城乡融合发展的重要切入点,推进空间

布局、产业发展、基础设施等县域统筹,把城乡关系摆布好处理好,一体设计、一并推进;要强化基础设施和公共事业县乡村统筹,加快形成县乡村功能衔接互补的建管格局,推动公共资源在县域内实现优化配置;要赋予县级更多资源整合使用的自主权,强化县城综合服务能力,把乡镇建设成为服务农民的区域中心。"❶城镇化的前一个阶段是以大中城市的飞速发展为代表,注重异地的城镇化,未来将会进入注重以县城为载体的新型城镇化建设阶段,更加重视就地城镇化,以县城的高质量发展带动乡村振兴。

(2)城乡人口数量变化:城镇人口将进一步提高,各类小城市和小城镇的人口总体比例将增加。

我国城镇人口逐步提高,未来城镇人口将进一步增加。随着我国经济社会发展和城镇化进程快速推进,我国城乡人口数量及构成也随之发生变化。2001年,我国城镇人口占比约为37.7%,乡村人口占比62.3%,约8.0亿人。到2011年,我国城镇人口总数首次超过了农村人口数量。2024年,城镇居住人口约为9.4亿人,占67.0%,乡村居住人口约为4.6亿人,占比已经下降至33.0%。2024年7月国务院印发《深入实施以人为本的新型城镇化战略五年行动计划》提出,5年后我国常住人口城镇化率提升至接近70.0%。

未来全国各类小城市和小城镇的人口总体比例将增加。在未来新型城镇化的进程中,随着国家对于县城的重视,县城的产业支撑和公共基础服务水平提高将会吸引更多的农村人口入城定居,县城人口规模则可能进一步增加。但县城之间、县城与中心城市之间,也存在吸纳劳动力的竞争关系,由于产业、就业和公共基础服务的差异,县城也会不断分化,部分县人口持续扩大,也有部分维持现状或面临人口减少,特别中西部地区部分县的人口近年来大多呈现下降趋势。

(3)人口老龄化加剧,农村人口呈现出"一老一小"比例增加的特点。

近年来我国人口老龄化日益加剧,2024年60岁以上人口达3.1亿,占比

---

❶习近平.坚持把解决好"三农"问题作为全党工作重中之重　举全党全社会之力推动乡村振兴[J].求是,2022(7):4-17.

22.0%,相比2014年增加6.5个百分点,其中乡村人口老龄化更加严重。由于大量的青壮年前往城市务工,农村地区的人口在年龄结构方面呈现出"一老一小"比例增加的特点,即无法外出打工的老人和留守儿童较多,而青壮年比例较低。农村地区"老龄化"和"空心化"逐渐显现。

3.1.2 产业:优化生产力布局和发展新质生产力也将对城乡交通运输服务提出新的要求

(1)优化生产力布局、产业梯度转移,使得跨省农民工继续下降,省内务工的农民工数量不断增加。

2024年发布的《中共中央关于进一步全面深化改革、推进中国式现代化的决定》提出,完善产业在国内梯度有序转移的协作机制。从20世纪90年代开始农民工的数量不断增加,大量中西部地区农村居民前往东部沿海省份务工,给跨省的交通运输特别是春节前后等特殊时段带来较大压力。随着国家优化生产力布局、推进产业在国内梯度有序转移,中西部很多地区成长迅速,在产业发展、人口集聚等方面都发挥着越来越重要的作用,吸引了一部分到东部沿海城市打工的务工人员返回中西部就业和生活。从2014年开始,跨省农民工数量已经呈现下降趋势,而留在本省务工和本地市务工的农民工数量则在不断增加。根据第六次和第七次人口普查数据,2010年到2020年,跨省流动人口比例由38.85%下降到33.22%,全国31个省(自治区、直辖市)中20个省(自治区、直辖市)跨省(自治区、直辖市)流动人口比例下降。

(2)发展新质生产力,农村产业逐渐向规模化、科技化和集约化转变,农村剩余劳动力增多,储存、运输也有新要求。

2024年发布的《中共中央关于进一步全面深化改革、推进中国式现代化的决定》提出,加快形成同新质生产力更相适应的生产关系,促进各类先进生产要素向发展新质生产力集聚。新质生产力主要指的是依托于管理创新、制度创新、科技创新,促进生产效率、生产质量实现大幅度提升,进而为社会经济发展提供支持的先进生产力。新质生产力涵盖科技创新、绿色发展、人才培养等诸多维度。对于城乡产业发展,引入新质生产力,可以促进乡村产业实现转型和升级,推动乡村经济走向高质量发展之路。现代化农业生产对于农业生产效率有巨大的提升作用,对粮食、农资等大宗货物的储存、运输也有更新要求,农业物流需配备更加专业化的服务。以规模化农业为主的农村地区,由于大型机械的广泛应用,所需要从事农业生产的人口数量并不会很多,随着5G、无人驾驶和全自动机械的推广应用,农村地区人口会进一步减少。另外,在大量人口进入城市生活的同时,也存在少量的逆城市化进程,即部分人选择返回乡村居住,在城镇工作并在城乡之间通勤。

(3)乡村产业更加多元化发展,乡村文旅深度融合、数字化经营需要交通运输更加有力支撑。

2024年中央一号文件《中共中央国务院关于学习运用"千村示范、万村整治"工程经验有力有效推进乡村全面振兴的意见》提出,促进农村一、二、三产业融合发展;鼓励各地因地制宜大力发展特色产业,支持打造乡土特色品牌;实施乡村文旅深度融合工程,推进乡村旅游集聚区(村)建设,培育生态旅游、森林康养、休闲露营等新业态,推进乡村民宿规范发展、提升品质。乡村振兴不仅局限于农业生产,还包括餐饮住宿、商超零售、养老护幼等乡村服务业的发展。新质生产力背景下,乡村传统产业转型升级的重点就是要通过优化产业结构,改造提升这些服务业,打造功能完善的乡村居住生活圈,推动乡村产业数字化经营,扩大农村电子商务覆盖面,培育农商直供、直播直销等新模式,从而实现乡村产业机构的多元化,增强农村自身发展能力,推动乡村振兴的全面进步。

3.1.3 **财政:地方财政收支趋紧,需要探索研究增强城乡交通运输自身"造血"能力,实现可持续发展**

当前我国财政收支承压明显,财政收入增长稍显乏力,财政收支趋紧,各地在交通运输特别是在城乡交通运输上财政支出和补贴将面临波动和较大不确定性。据财政部数据显示,2024 年,全国广义财政收入(全国一般公共预算收入与政府性基金收入之和)约 28.2 万亿元,同比增长约 4.4%;全国广义财政支出约 38.6 万亿元,同比增长约 2.7%。从地方财政数据看,受土地出让收入下滑等影响,地方财政收支矛盾加剧,一些地方甚至面临财政危机。在此背景下,要求城乡交通运输发展要增强可持续发展能力,构建"群众较满意、财政可承担、企业可盈利"的模式。要求企业增强城乡交通运输自身"造血"能力,降低对财政补贴的依赖,政府要优化补贴机制,因地制宜制定相关补贴机制和引导政策。需要创新适合各地区的城乡交通运输一体化发展模式,统筹客运、物流、邮政、快递的发展,推动城乡"末梢"站点、运力、信息融合共享,有效降低运营成本,提升城乡运输集约化水平。

3.1.4 改革:党的二十届三中全会对城乡融合发展体制机制作出重要部署,需要全面提高城乡规划、建设、治理融合水平

党的二十届三中全会审议通过的《中共中央关于进一步全面深化改革、推进中国式现代化的决定》(以下简称《决定》)强调,城乡融合发展是中国式现代化的必然要求;全面提高城乡规划、建设、治理融合水平,促进城乡要素平等交换、双向流动,缩小城乡差别,促进城乡共同繁荣发展。《决定》对完善城乡融合发展体制机制作出重要部署,将对推进城乡交通运输发展产生重大而深远的影响。

新的起点上接续推进中国式现代化,重大任务之一是继续消除城乡二元结构。一方面,让农业农村跟上国家现代化步伐,共享改革发展成果。另一方面,需畅通城乡经济循环,充分发挥乡村作为消费市场和要素市场的重要作用。贯彻落实《决定》有关要求需要完善城乡交通运输一体化协同机制,形成集约高效发展合力。有效整合城乡客运、货运物流、邮政快递、商贸配送等资源,深化城

乡交通运输市场改革,充分激发市场活力,创新城乡交通运输发展模式,精准响应群众需求。

3.2　发　展　趋　势

3.2.1　城乡客运

城乡居民长距离出行将减少,中短途出行增加,自驾出行更普遍,多样化、个性化、定制化出行方式增加。

(1)城乡居民长距离出行将减少,中短途出行需求增加。

随着农村经济发展和居民收入水平上升等因素影响,短期内城乡间交通运输量仍然会呈现增加趋势,但出行结构会发生一定变化。县域城镇化的加速促进就近就业比例上升,公共服务均等化使得外出就医等需求降低,城乡居民长距离出行有所减少,城乡工作居住分离带来的城乡间通勤量逐渐增加,县域内短途出行需求有所增加。加之综合交通体系建设不断完善,高速铁路网络进一步下沉,县域高铁站覆盖率逐年提高,800 公里以上客运出行方式转向铁路,城乡道路客运长距离出行逐步萎缩。此外,在这些农民工输出省(自治区、直辖市),例如安徽、四川、重庆、广西、贵州等,由于区域内农民工数量增加带来的中短途旅客运输量还会进一步增加,往返频率也可能有一定提高。

(2)县城对乡村辐射逐步增强,城乡间快速交通需求增加,城乡间自驾出行更普遍。

未来,随着我国乡村振兴战略、共同富裕战略推进,农村人口收入水平会逐步上升,购物、娱乐和探亲访友等需求会得到释放,中心城市对县城的辐射以及县城对乡镇的辐射增强,出行需求和消费物流货运需求也会进一步增加。农村总人口虽然会继续减少,但农村居民以教育、医疗和休闲娱乐购物等为目的前往乡镇、县城和中心城市的城乡交通成为必需。农村私家车、摩托车、电动车保有量持续增加。未来小汽车、摩托车等私人交通工具使用在农村地区更加普遍,农村居民可能更多通过小汽车、摩托车等私人交通方式往来于县城与乡村,对于公共交通需求的总量将降低、但需求品质将提升。村镇赶场、儿童上学等特殊时段的运输需求需要多样化的交通方式和运输组织模式创新等方法得以满足。

(3)大部分县城将人口增多,需要提升县城交通运输服务能力,提前谋划解决交通拥堵、停车难等问题。

随着新型城镇化的推进、县城产业带动能力和公共基础服务的提升,农民在县城落户数量增多,县城人口持续增加和各类产业的发展会对现在县城的交通基础设施和运输服务带来一定压力,县城的交通拥堵和停车难题需要县城公共交通的发展和慢行交通的推行等诸多方法才能得以解决。

(4)城乡之间多样化、个性化、定制化出行方式增加。

城市居民以旅游观光、休闲娱乐等为目的的出游需求会不断增加,其中,乡村旅游和度假是人们旅游出行的重要内容之一,会带来城乡之间的多样化、个性化、定制化的不同出行方式的增加,旅游交通基础设施条件的提升以及各类交通旅游产品的提供,会随着人们日益增长的旅游出行需求增加而加快发展。

(5)出行人群中老年人占比提高,对适老化、人性化运输服务的需求增加。

我国人口老龄化社会逐步到来,乡村老龄化趋势更加显著,对低成本的公共交通出行比较偏好,出行的目的地以县城、乡镇为主,对出行的安全性、舒适性和便捷性要求提高,即对适老化、人性化运输服务的需求增加。乡村地区老龄人口出行需求的满足与运输企业之间经营盈利要求两者之间的平衡,对企业经营模式和地方财政保障提出考验。

3.2.2 城乡物流

城乡物流运输组织将不断优化,农村物流体系更加高效专业。

（1）城乡物流运输组织将不断优化。

随着人民生活水平及消费能力的提高，人民群众对食品健康问题日益重视，全程冷链运输会得到快速发展，未来农产品运输特别是蔬菜水果、肉禽蛋奶等鲜活品是农产品物流的发展重点。电商小镇和淘宝村要求快递入村，在市场集约化不足、需求较小的乡村会选择客货邮融合发展、推行末端共同配送等不同类型的运输组织创新模式，通过资源共享和协同推进的路径构建农村物流服务体系，以满足农村物流发展需要。

（2）农村物流体系更加高效专业。

随着农业农村现代化进程推进，现代化的农业生产需要高效专业的包含储存、运输的农村物流体系配套，包括农药、化肥、种子等农业生产物资和各类农产品和加工品。为适应现代化农业生产，需要构建相配套的现代农村农业物流体系；农业集中化、规模化种植的占比逐步提高，各类大型农用机械的使用，对农村交通基础设施提出更高要求；大型农业生产基地附近的农村公路等级需要提升，加油、充电、加氢等能源服务设施也有待更新。

3.2.3 融合发展

交通运输与旅游等产业深度融合，融合产品和服务模式不断创新，客货邮加快融合。

（1）城乡交通运输一体化进程持续推进，均等化水平明显提升。

随着交通运输部城乡交通运输一体化、农村客货邮融合发展、客运公交化改造等系列政策的推行，城乡交通运输一体化发展水平不断提高，特别是部分地区全域公交实行之后，农村地区出行便捷程度将会进一步提升，城乡交通运输均等化水平明显提升，出行成本得到降低，农村居民出行需求也因受到激发而增加。

（2）城乡运输与旅游、电商等产业深度融合，融合产品和服务模式不断创新。

交通行业与电商、旅游产业包括农旅康养等相关产业之间的融合发展将加速,更多有效的交通旅游产品和创新服务模式将逐步开发,以满足城市居民对山水田园以及秀美风光的向往,满足人们日益增长的旅游出行需求。

(3)客货邮加快融合。

地方财政收支趋紧,需要探索研究增强城乡交通运输自身"造血"能力,实现可持续发展。由于城乡客货邮需求相对分散,设施、运力等投入相对较高,需要结合各地区经济社会和交通运输需求特点,充分发挥自身优势,统筹客运、物流、邮政、快递的发展,推动城乡"末梢"站点、运力、信息融合共享,有效降低运营成本,提升城乡运输集约化水平。

3.2.4 体制机制

协同机制更加完善,运输市场更加充满活力。

(1)城乡交通运输一体化协同机制更加完善,形成集约高效发展合力。

城乡交通运输发展涉及交通运输、商务、农业农村等部门,上下游行业广泛,二十届三中全会对城乡融合发展体制机制作出重要部署,将推动城乡交通运输一体化协同机制更加完善,推动数据共享,城乡系统性发展水平将进一步提高。

(2)城乡交通运输市场更加充满活力。

市场在资源配置中的作用有效发挥,服务经营主体经营自主权提升,资源利用效率提高,服务经营主体在改革工作中的主动性更加积极,城乡交通运输体系自我"造血"能力得到提升。

(3)城乡交通运输支撑作用显著增强。

城乡交通运输在优化城乡产业布局、引领新型城镇发展、支撑乡村全面振兴等方面的作用增强,城乡交通运输服务品质、运输服务效率提升,将为促进形成工农互促、城乡互补、全面融合、共同繁荣的城乡发展新局面提供更加有力的支撑。

CHAPTER 4 第 4 章

城乡交通运输一体化
发展水平量化研究

随着新型城镇化的快速推进,城乡交通运输服务需求日趋旺盛,国家对城乡交通运输服务的保障能力逐步增强,促进城乡交通运输一体化发展的各项条件也在不断完善,城乡交通运输一体化发展水平得到有效提升。城乡交通运输一体化发展的加速蝶变要求对其发展水平进行量化,密切跟踪各地该项工作的推进成效,同时甄选优秀的案例,为其他地区城乡交通运输一体化发展提出借鉴和指引。囿于当前城乡交通运输一体化发展水平量化方法的局限,需要从城乡交通运输需求趋势和特点出发,结合农村客运、农村物流的高质量发展需要,重新研究构建新时代城乡交通运输一体化发展水平量化方法。

4.1　已有量化方法

4.1.1　交通运输部量化方法

2022 年,交通运输部印发《城乡交通运输一体化示范县创建管理办法》,提出了城乡交通运输一体化示范创建及动态评估的重点指标,该项指标体系见表 4-1。本项评价指标体系共包含 20 项指标,由示范创建县结合自身实际数据,开展自评估,评估结果作为示范创建申报、动态评估等的依据。从自评估结果可看出该项评价指标体系主要有四个特点:一是突出基础设施建设的重要性,共涉及 8 项基础设施建设指标,包括基础设施条件和覆盖广度,体现了我国脱贫攻坚时期城乡交通运输发展的重点;二是突出创建管理部门的工作力度,共涉及相关指标 6 项,包括组织、安全、经费保障等,体现了示范创建过程中要充分发挥政府的主导作用;三是客货运输服务水平及质量的评价指标相对较少,共有 5 项,主要衡量服务是否基本供给;四是立足城乡交通运输一体化发展的兜底性作用,指标设置较为基础,示范创建县得分普遍较高,各县发展的差异性和层次性表现不鲜明。

城乡交通运输一体化示范创建及动态评估重点指标   表4-1

序号	指标名称	指标定义
1	农村公路等级路率	行政区域内农村公路中四级及以上等级公路占农村公路总里程的比例
2	城市建成区路网密度和道路面积率达标率	(1)城市建成区内道路网的总里程与建成区面积的比值(单位:公里/平方公里); (2)城市建成区内道路用地总面积与建成区面积的比值
3	客货运输场站一体化水平	(1)市县城区内三级及以上汽车客运站与城市公交站点的换乘便捷情况; (2)物流节点实现干线运输与县域内分拨配送的有效衔接,集聚整合物流资源,统筹组织县域内农村运输服务的情况
4	农村公路列养率	行政区域内落实日常养护经费和人员的农村公路占农村公路总里程的比例
5	优良中等路率	优良中等公路里程占行政区内公路总里程的比例
6	建制村通客车率	行政区域内建制村通客车率
7	城市建成区公交站点500米覆盖率	城市建成区内公共交通站点500米半径覆盖面积与建成区面积的比例
8	城乡道路客运车辆公交化率	行政区内城市公共汽电车辆和公交化运营的农村客运车辆数之和,占行政区内所有城乡道路客运车辆数的比例
9	城乡客运车辆交通责任事故万车死亡率	行政区内城乡道路客运车辆发生的交通责任事故(负同等及以上责任的交通事故)死亡人数与行政区域内城乡道路客运车辆数的比例(单位:人/万车)
10	城乡客运信息化水平	(1)行政区域内通过互联网对外动态发布城乡客运信息情况; (2)农村客运车辆动态监控设备安装使用率; (3)二级及以上汽车客运站省域道路客运联网售票覆盖率
11	建制村农村物流服务覆盖率	行政区域内开通货运物流、邮政、快递等一项或多项服务的建制村数量占行政区域内全部建制村数量的比例
12	乡镇农村物流节点覆盖率	行政区域内建有农村物流节点的乡镇数量占行政区域内全部乡镇数量的比例

序号	指标名称	指标定义
13	运输站场综合利用率	具备管理、综合服务、客运、货运、邮政、快递等三种及以上功能的运输站场设施数量占全部站场设施数量的比例
14	组织保障情况	(1)城乡交通运输一体化水平纳入当地年度工作目标情况; (2)县级人民政府组织相关部门建立责任分工明确的工作机制的情况
15	安全保障情况	(1)行政区域内通客车农村公路中,已实施安全隐患治理的里程数占总里程的比例; (2)农村客运班线通行条件联合审核机制运行情况
16	经费保障情况	县级人民政府制定财政补贴政策,保障农村公路建设、养护、管理和农村客货运输、农村邮政、城市公交等城乡交通运输服务稳定运营的情况
17	跨业融合情况	(1)交通运输企业与邮政、快递等企业的合作情况; (2)依托资源产业、生态旅游、电子商务等资源发展农村物流,支撑农村地区经济发展的情况
18	规划及管理保障情况	(1)对城乡交通运输一体化发展进行合理规划的情况; (2)农村客运集约化规范化管理情况
19	乡村振兴重点帮扶县建制村通客车进展情况	乡村振兴重点帮扶县建制村通客车工作年度进展情况
20	经验宣传推广情况	典型经验总结和交流情况

4.1.2 代表性省份量化方法

(1)江苏省量化方法。

自2017年起,江苏省交通运输厅组织开展了江苏省城乡道路客运一体化发展水平评价工作,对设区市的城市市区和县级行政区(包括县级市、县,不包括市辖区)的城乡道路客运一体化发展水平进行评价(表4-2),并将评价等级分为五级,即 AAAAA 级、AAAA 级、AAA 级、AA 级和 A 级,具体评价主要采用自我评价、实地核查、实地抽查相结合的方法进行。

江苏省城乡道路客运一体化发展水平评价指标　　　　表4-2

序号	指标名称	指标定义
1	建制村公路通畅率	行政区域内已通畅建制村数量占行政区内建制村总数的比例（单位：%）
2	建制村通客车率	行政区内通客运车辆的建制村数占行政区建制村总数的比例情况（单位：%）
3	城乡道路客运车辆公交化比率	行政区内城市公交车辆和公交化运营的农村客运车辆数之和，占行政区内所有城乡道路客运车辆数的比例（单位：%）
4	城乡道路客运车辆交通责任事故万车死亡率	评价期内，行政区内城乡道路客运车辆发生的交通责任事故（负同等及以上责任的交通事故）死亡人数，与辖区内城乡道路客运车辆数之比（单位：人/万车）
5	城乡道路客运基础设施一体化水平	(1)新建、改扩建农村公路项目与农村客运站点（包括简易站、招呼站、候车亭等，下同）同步设计、同步建设、同步交付使用； (2)建制村2公里范围内建成了农村客运站点； (3)市县城区内三级以上等级道路客运站场与城市公交站点的换乘距离小于300米
6	城乡道路客运信息服务一体化水平	(1)城乡道路客运信息通过互联网对外动态发布； (2)市县城区内三级以上等级道路客运站公布可换乘的城市公交线路信息； (3)开通了统一的交通运输服务监督电话，并保持良好运转； (4)行政区全面实现道路客运联网售票或网络售票
7	城乡道路客运发展政策一体化水平	(1)市县级行政区域建立了"一城一交"的综合交通管理体制和城乡道路客运一体化多部门联合推进机制； (2)市县级人民政府编制了市县级行政区城乡道路客运一体化发展规划及场站专项规划，主要指标纳入城乡规划统筹实施； (3)市县级人民政府统一了公交化运行的农村客运与城市公交在税费、财政补贴等方面的政策； (4)市县级人民政府出台了支持城乡道路客运一体化发展的政策，包括交通基础设施用地安排，道路通行管理，以及场站建设、车辆购置、票价优惠、政策性亏损的财政补贴等方面
8	加分项	(1)建制村公路通畅率比上一年度每增加1%； (2)建制村通客车率比上一年度每增加1%； (3)城乡道路客运公交化比率比上一年度每增加1%；

序号	指标名称	指标定义
8	加分项	(4)新建道路客运站场和城市公共交通场站一体化设计、施工的城市综合客运枢纽
9	镇村公共交通开通率	已开通镇村公交的乡镇个数占乡镇总数的比例
10	农村客运班车公司化率	公司和经营管理的农村班车车辆占农村客运班车总数的比例

2021年,江苏省交通运输厅印发《江苏省城乡物流服务一体化评价指标体系》(表4-3),对各设区市的城乡物流服务一体化发展水平进行评价。尽管江苏省没有针对城乡交通运输一体化设置专门的评价指标体系,但是从客运、物流两个主要方面对其一体化发展水平进行了评价,有鲜明的特色。江苏省发布的评价指标体系主要有四个特点:一是评价更为细致全面,考虑了各地的差异性,如评价城乡物流运营组织模式创新时,考虑了快递直投、交邮融合、共同配送等多种形式,各地可根据实际选择适宜的发展模式;二是评价更注重发展效果和运营服务,江苏省对城乡交通运输基础设施的评价不再局限于建设层面,而是注重路的通畅率、场站的多功能性、设施的一体化程度等服务能力层面,指标设置不仅反映了服务供给的有无,还反映了经营服务质量,如标识标牌的设置、运作模式的创新、企业资源整合和制度规范建设等,充分体现了城乡交通运输一体化的发展水平和质量;三是评价更注重从客运、物流服务供给的角度开展,从用户需求的角度审视客运、物流一体化发展水平的指标欠缺,评价内容难以充分反映新时代城乡居民对交通运输的多样化、个性化需求,以及城乡居民从美好交通中得到的日益增强的获得感;四是从客运、物流两个方面分别开展一体化发展评价,难以充分反映融合发展的水平,如客货邮融合发展的水平、城乡客运与旅游融合发展的水平、城乡客运与物流信息化融合发展的水平等,尚未将城乡交通运输一体化作为整体统筹评价。

江苏省城乡物流服务一体化评价指标 表4-3

序号	评价项目	评价要点	评价内容与标准
1	物流网络建设(40分)	县级农村物流中心	依托现有道路客(货)运场站、物流园区等建设或改造为县级农村物流中心,并加强与电商运营中心、邮政集散中心、快递分拨中心、商贸市场等的衔接与融合,共享场站资源,增加物流分拨功能,并与物流、邮政快递企业开展合作。 (县级农村物流中心具备运输组织、信息交易、仓储服务、物流增值、电商快递、动态监控、安全监管以及停车、餐饮、车辆清洗等配套功能得5分,不完全具备上述功能得3~4分)
		乡镇农村物流服务站	(1)投入运营的乡镇农村物流服务站覆盖率100%得5分,超过95%得2.5分,低于95%不得分; (2)综合利用运营效率不高的乡镇客货运站、交管所、公路养护站等改造、建设乡镇综合运输服务站,具备农村物流和邮政快递经营功能; (3)建成运营乡镇冷链服务站。 (具备乡镇综合运输服务站的,每个得2.5分;具有冷链服务功能的,每个得1.5分,满分5分)
		村级农村物流服务点	(1)投入运营的村级农村物流服务点覆盖率95%及以上得10分,90%~95%得6分,90%以下不得分; (2)主要品牌快递建制村直投率达100%得10分,90%~100%得8分,80%~90%得6分,80%以下不得分; (3)村级农村物流服务点具备邮政快递、信息查询、电商服务、农资服务、农产品收储和代购、便民服务等功能,具备一种功能得1分,满分3分
		标识标牌	三级物流节点有统一标识标牌得2分
2	运作模式创新(20分)	融合发展模式创新	(1)深化交通运输与邮政快递融合发展,实现末端集约化配送(实现交邮融合发展模式得6分); (2)加强农村物流与商贸、电子商务、供销、农业、生产制造、互联网+等产业融合发展(具备一种融合发展模式得1分,满分4分)
		运营组织模式创新	(1)评价方式1:开通交邮融合城乡公交示范线路(代运邮件快件)的得3分,每增加1条线路得2分,满分5分;依托共配公司开展农村物流"共同配送线路"得5分,依托联盟、合作等方式开展农村物流"共同配送线路"得3分;

续上表

序号	评价项目	评价要点	评价内容与标准
2	运作模式创新(20分)	运营组织模式创新	(2)评价方式2:县(市、区)主要快递品牌直投到村覆盖率已达100%的得5分,开通交邮融合城乡公交示范线路(代运邮件快件)的得2分,开展农村物流共同配送线路的,得3分。 (可结合各地实际情况,选择一种方式进行评价)
3	物流设施设备配备与信息化建设(13分)	配送车辆	(1)新能源车辆、厢式车辆、冷链车辆等标准化、专业化车辆(含自有和租赁车辆)种类齐全,具备一种车型得1分,满分2分; (2)车辆总数30辆以上(含自有和租赁车辆,不含电动三轮车),能够高效满足农村物流运作需求得1分; (3)配送车辆统一标识化管理得1分
		推广应用客货兼顾车辆	有投入使用客货兼顾、经济适用车型的得2分;没有投入使用、但已经签订采购计划的得1分
		物流装备运用情况	(1)零担中转库、冷藏冷冻库、标准周转箱、分拣设备、液压升降机、皮带运输机、X射线安全检查设备等设施设备,具备一种设施设备得0.5分,满分2分; (2)村级农村物流服务点配备智能快递柜覆盖率超过5%得1分
		企业信息化建设	(1)参与创建的重点农村物流、邮政快递经营企业拥有并投入运营信息平台得2分; (2)信息平台能够与电子商务平台等融合,上下行功能完善,能实现货物、邮政快递全程监控与追踪,具备一种功能得1分,具备其他功能可适量加分,满分2分
4	经营主体培育(10分)	企业建设情况	(1)重点农村物流邮政快递经营企业或相关企业加强合作和资源整合,组建第三方共同配送主体或企业联盟,开展跨行业融合发展,共配公司得3分,组建联盟的得2分; (2)第三方共同配送主体或联盟企业将地域范围广、数量少的邮件快件等农村配送物品集中派送,有效降低农村物流成本得6分; (3)第三方共同配送主体或联盟企业各项管理和服务规则、规程、规范、制度健全得1分

序号	评价项目	评价要点	评价内容与标准
5	保障措施 （9分）	组织保障	加强组织领导，由县（区、市）人民政府成立农村物流工作领导小组，并召开有关工作推进会议，协同推进创建工作得3分
		资金保障	地方政府或部门有配套资金补助，支持农村物流邮政快递发展得3分
		其他保障	地方政府出台支持农村物流邮政快递发展相关政策得3分
6	效益效果 （8分）	品牌影响力	通过开展城乡物流服务一体化工作，在县域范围内成功培育体现地方特色、网络覆盖健全、资源整合高效、产业支撑明显、知名度高的农村物流服务品牌得1～2分。 （有相关佐证数据和典型案例支撑）
		经济效益	（1）降本增效效果明显，配送效率较创建前提高20%以上，平均配送成本较创建前降低15%以上，推动农村经济结构调整，拉动农村经济增长得3分； （2）降本增效效果降低10%，带动农村经济增长较慢得0～2分。 （有相关佐证数据和典型案例支撑）
		社会效益	（1）有效增加农村就业创业机会，提升农民生活品质，促进农村社会化服务体系的建设，农民满意度较高得3分； （2）农民生活品质改善不明显，农村就业创业机会少，农村社会化服务水平较低得0～2分。 （有相关佐证数据和典型案例支撑）

（2）湖南省量化方法。

自2018年以来，湖南省为进一步优化农村客运改革机制，加快推动交通强国试点建设，逐步解决农村群众出行不安全、出行难和出行贵等一系列问题，在全省分两批次、28个县市区推进城乡客运一体化示范县创建工作，为检验创建成效，湖南省出台了《湖南省城乡客运一体化示范县验收标准》（表4-4），共包含5大项20小项指标，该评价指标体系具有三大特点：一是不再注重对基础设施建设进行评价，评价主要针对运营服务展开，20项评价指标中除了考察了安防工程以外，没有对路的等级、场站建设等进行评价，评价集中于企业的集约化经营、统筹规划、运营成效等方面;二是从用户的角度增加了需求侧的评价指标,包括发班频次、票价、群众满意度等,尽管指标个数并不是很多,但体现了对城乡居民交通运输需求的关注;三是评价尚局限于独立的城乡客运层面,对农村客货邮融合发展、城乡客运与旅游融合发展、农村综合交通运输服务平台等其他重要方面没有涉及,评价广度有待拓展。

湖南省城乡客运一体化示范县验收标准

表4-4

总体目标	验收标准
集约经营 (公司化经营的)	(1)公司规章制度齐全(至少包括人事管理、安全管理、财务管理等制度),股份制企业股权分配明确,各类台账和档案资料完善健全; (2)公司实行统一的财务管理,营业、广告等收入由公司统一收缴,车辆维修、保险等费用由公司统一支付; (3)公司车辆由公司统一购置或收购,产权归属于公司; (4)公司车辆统一调度,节假日、赶集日等特殊时段,可以根据客流统一调度安排车辆; (5)公司人员实行合同或聘用管理,由公司与相关人员签订劳动合同;人员工资及保险等福利由公司统一发放;人员由公司统一考核; (6)农村客运(城乡公交)车辆统一外观标识; (7)设立统一的投诉举报电话,在农村客运(城乡公交)车以及站点(客运站、招呼站等)对外公布,且举报投诉渠道畅通有效
统筹规划	(1)编制了科学合理的城乡客运一体化发展规划(包含线路布局、运力投放、站场建设、保障措施等),且规划符合当地实际; (2)根据道路情况,统筹发展城乡公交和道路客运,宜公交则公交,宜道路客运则道路客运; (3)客运站场(首末站、招呼站)布局合理,充分利用现有的农村客运站、公路道班等场地,具备必要的农村小件快运、充电服务等配套功能,使用率高,群众换乘方便; (4)线路规划布局科学合理,经过充分论证,也广泛征求过沿线镇、村意见
乡村全通	(1)通客车(城乡公交)的农村公路窄路加宽、临崖临水等危险路段安防工程完成率达到100%; (2)建制村通客车(城乡公交)率达到100%; (3)保证发班频次,其中,每条农村客运线路每天至少确保2趟次(往返各1趟次);30公里以内的城乡公交线路每天至少确保6趟次(早、中、晚往返各1趟次);30公里以上的城乡公交线路每天至少确保4趟次(早、晚往返各1趟次)

续上表

总体目标	验收标准
价格惠民	相对创建前,票价显著降低
其他成效	(1)所有农村客运(城乡公交)车辆均安装、使用智能监管设备; (2)创建工作未过多增加当地政府债务,城乡客运一体化发展可持续; (3)省级奖补资金使用符合相关要求,未发生违规使用的情况; (4)创建工作平稳推动,社会大局稳定,未发生涉及城乡客运一体化创建工作的维稳(信访)事件,或者事件发生后得到妥善处置,未造成明显的负面影响; (5)广泛宣传发动,群众满意度较高

(3)广西壮族自治区量化方法。

自2021年起,广西壮族自治区开展了两批农村客货邮融合发展样板县创建,为规范示范创建,广西壮族自治区交通运输厅发布了《广西壮族自治区农村客货邮融合发展样板县评定标准》(表4-5),从政策体制融合保障、基础设施融合、运营线路融合、运输信息融合四个方面对客货邮发展样板县进行考核评定,满分为100分,其中3.1为一票否决项,总分达到或者超过80分为合格。该评定标准首次设定了一票否决项,即必须符合村村通客车和村村通快递这一基本条件,才有资格参加样板县评选,且明确设定了最低门槛为80分。该评定标准较为全面地考察了农村客货邮融合发展情况。

广西壮族自治区农村客货邮融合发展样板县评定标准　　表4-5

类别	考核内容	计分标准
1.政策体制融合保障(10分)	1.1 建立多部门协同工作机制(5分)	建立农村客货邮融合发展协调机制,协调解决有关困难和问题。 考核标准:相关工作文件或工作会议纪要
	1.2 完善客货邮融合政策体系(5分)	出台农村客货邮融合发展用地保障、税收减免和基础设施设备扶持政策。 考核标准:相关工作文件

续上表

类别	考核内容	计分标准
2. 基础设施融合(40分)	2.1 县级服务中心(10分)	建成1个县级服务中心,并达到创建申报方案目标要求。 考核标准:建设或改造的县级服务中心,满足办公、物流、信息服务、视频监控等功能要求,实现农村客运、货运和邮政、快递等功能融合
	2.2 乡镇客货邮综合服务站(10分)	建成乡镇客货邮综合服务站数量达到创建申报方案目标要求。 考核标准:乡镇客货邮综合服务站应配置停车场、货架、视频监控等设施设备,实现农村客运、货运和邮政快递等功能融合
	2.3 村级客货邮综合服务点(10分)	建成村级客货邮综合服务点数量达到创建申报方案目标要求。 考核标准:满足农村客运、货运和邮政、快递基本功能需求
	2.4 客货邮运输车辆(10分)	(1)20辆及以上(10分); (2)15(含)~20辆(8分); (3)10(含)~15辆(6分); (4)5(含)~10辆(4分); (5)5辆以下(2分)。 考核标准:车辆实际运营情况
3. 运营线路融合(30分)	3.1 村村通客车、通快递(5分)	(1)具备条件的建制村通客车率100%; 考核标准:通车方式中不包含预约响应形式。 (2)建制村通邮比例达到100%; (3)乡镇快递服务网点覆盖率100%; (4)建制村通快递比例达到100%
	3.2 客货邮合作线路(10分)	建成客货邮合作线路达到创建申报方案目标要求。 考核标准:满足农村客运、货运和邮政、快递服务功能
	3.3 规范客货邮融合统标识(10分)	(1)统一车辆运营标识(4分); (2)统一站点运营标识(4分); (3)标识体系地方特色(2分)
	3.4 培育客货邮运营企业(5分)	客货邮融合运营企业每家得1分,最高5分

续上表

类别	考核内容	计分标准
4.运输信息融合(5分)	客货邮综合信息服务平台(5分)	建成客货邮综合信息服务平台,具备管理、运营、查询等功能
5.奖补资金使用(15分)	奖补资金使用(15分)	奖补资金用于客货邮融合发展基础设施建设、线路运营、信息化建设等方面。 考核标准:奖补资金使用相关票据
6.加分项(10分)	6.1 客货邮车辆中新能源车辆占比(6分)	(1)80%及以上(6分); (2)50%(含)～80%(4分); (3)20%(含)～50%(2分)
	6.2 客货邮融合宣传推广情况(4分)	开展客货邮融合宣传推广。 考核标准:以实际案例为准,如报纸电视台宣传、推荐会等

4.2　量化体系构建

4.2.1　构建目的

为了适应新形势对城乡交通运输一体化发展的新要求,全面、客观、有效地反映城乡交通运输一体化发展的方向和水平,从而加快城乡交通运输服务由"被动适应"向"主动引领"转变,助力城乡交通运输发展成果更广泛、更公平、更切实地惠及城乡居民,本书在既有量化方法基础上,研究了新的城乡交通运输一体化发展水平量化体系。

城乡交通运输一体化发展水平量化体系的构建旨在立足全面推进乡村振兴和交通运输高质量发展,基于城乡交通运输服务供给能力和需求体验,客观、系统地评价城乡交通运输基础设施发展状况、客货运输服务水平、融合发展水平、信息化发展水平、发展环境等,充分发挥量化体系的"标尺"和"指挥棒"作用,一方面,对各县(市、区)城乡交通运输一体化发展成效进行评价,挖掘发展的亮点特色,发现存在的问题;另一方面,为各县(市、区)推进城乡交通运输一体化发展,制定相关支持政策提供参考和指引。

4.2.2 构建思路

基于对城乡交通运输一体化发展概念、特征和内容的分析判断,结合我国城乡交通运输一体化发展现状和问题,以及对我国城乡交通运输一体化未来发展趋势和要求的研判,以既有相关量化方法为参照,融入对国家城乡交通运输一体化示范创建县的实地考察和调研总结,以服务乡村振兴、服务行业决策、服务城乡居民为目标,以全面科学及时地评估城乡交通运输发展水平和服务能力为重点,加快建立完善城乡交通运输一体化发展水平量化体系,为使交通运输真正成为全面推进乡村振兴的先行官提供科学参考,为加快提升城乡交通运输的公众满意度和社会感知度提供有力支撑。

具体量化指标选取方法包括文献分析法、因素分析法和实地调研法等。首先,文献分析法是通过对收集到的某方面的文献资料进行研究,以探明研究对象的性质和状况,并从中引出自己观点的分析方法。本书在通过"维普中文科技期刊、CNKI 网络数据库"等中外文献数据库对相关文献进行检索,了解近年来城乡交通运输一体化发展量化体系构建情况,并进行梳理、分析、总结已有的学术观点和研究结果,并结合城乡交通运输一体化发展的特点,初步确定部分量化指标。其次,因素分析法又称经验分析法,是一种定性分析方法。该方法主要指根据研究对象选择应考虑的各种因素,凭借分析人员的知识和经验集体研究确定选择对象。本书结合城乡交通运输一体化发展的内涵及特点,通过分析其影响因素确定其量化指标。再次,实地调研法。选取不同类型、不同区域、不同等级的县(市、区)开展城乡交通运输一体化发展情况调研,根据不同县(市、区)的实际情况以及政府、企业、专家等的建议,对量化指标体系进行丰富完善和替换修正。

4.2.3 构建原则

城乡交通运输一体化发展水平量化体系的建立是城乡交通运输一体化发展水平量化的核心部分,是关系到量化结果可信度的关键因素。构建科学合理的城乡交通运输一体化发展水平量化体系应遵循引领性、科学性、全面性、层次性、可操作性等基本原则。

(1)引领性。

量化指标选取要紧扣交通强国、乡村振兴、新型城镇化等要求,关注交通强国建设和全面推进乡村振兴战略实施的重点任务,从城乡交通运输一体化发展的方向和城乡居民客货运输需求的特点趋势出发,充分体现量化方向的引领性,从而为各县(市)推进城乡交通运输一体化发展提供指引和借鉴。

(2)科学性。

量化指标建立在科学的基础上,需要既能准确、全面、系统地体现量化对象的内涵特征,又能突出其发展目标。在设计城乡交通运输一体化发展水平量化体系时,必须以科学性为前提,遵循城乡发展规律和交通运输行业发展规律,采用科学的方法和手段,确立能够通过观察、测试、评议等方式得出明确结论的定性或定量指标,较为客观和真实地反映城乡交通运输一体化发展的状态。

(3)全面性。

量化体系能系统、全面地考虑城乡交通运输基础设施、客货运输服务水平、融合发展能力、发展环境等多方面因素。同时,量化体系作为一个有机整体,具体指标设定不仅要反映特定的城乡交通运输一体化发展特点,而且指标之间既要各有侧重、相互分工又要相互配合、相互补充。

(4)层次性。

城乡交通运输一体化发展在不同区域因自然资源禀赋差异导致交通建设的基础、需求和模式呈现层级化特征,其量化体系也应具有层次性,能从不同方面、不同层次反映城乡交通运输的实际情况。量化体系应选择不同方向、有代表性的指标,从整体层次上把握评价目标,保证评价的全面性和可信度,同时,在指标设置上要按照指标间的层次递进关系,准确反映指标间的相互关系,尽可能体现层次分明。

(5)可操作性。

量化指标选取要充分考虑指标值的测量和数据搜集工作的可行性,确定指标时尽可能使用客观指标和现行统计指标,并避免给评估机构和评估对象造成很大的工作量。

4.2.4 体系架构

深刻剖析城乡交通运输一体化发展的内涵和特征,结合城乡交通运输一体化发展的现状和问题,在充分借鉴国内外既有量化方法的基础上,根据城乡交通运输一体化未来的发展趋势和要求,本研究将从设施一体、服务优质、安全高效、业态融合、普惠均等五个维度,对城乡交通运输一体化发展水平进行量化。

(1)设施一体。

基础设施普惠畅达是城乡交通运输一体化发展的首要内容,是城乡客运和城乡物流业务开展的前提,城乡交通运输一体化发展水平与客货运输场站网络建设和服务能力密切相关。过去一段时间,我国城乡交通运输基础设施建设不断完善,客货运输场站功能不断拓展,但仍面临着设施衔接不够顺畅等问题,未来城乡交通运输一体化发展将对城乡交通运输基础设施一体化提出更高要求。

(2)服务优质。

提升城乡交通运输服务质量是城乡交通运输一体化发展的核心内容,从全面推进乡村振兴和交通强国建设的要求来看,服务均是重中之重。在脱贫攻坚时代,城乡交通运输一体化发展更加集中于基础设施建设,而进入全面推进乡村振兴的时代,补齐城乡交通运输服务短板成为发展的重点,城乡交通运输一体化发展的根本目的应在于满足城乡居民美好交通需要,让城乡居民获得均等化的客货运输服务,共享交通发展成果。

(3)安全高效。

安全是城乡交通运输一体化发展的底线,全面推进乡村振兴首要要求便是发展要安全,尤其是广大农村存在山路较多、临崖临水、交通不够便利、运输距离较长等情况,运输主体小而散,守好安全底线至关重要。此外,与优质的服务和良好的交通运输服务体验感相伴随的是客货运输服务的规范高效,加强城乡交通运输安全管理,提高城乡交通运输运营效率,提升城乡交通运输服务信息化水平,均是未来发展的方向和重点。

(4)业态融合。

相对而言,农村居民居住较为分散,运输需求规模较小,难以形成规模经济,创造良好的经济效益。为充分发挥交通运输的基础性支撑作用,促进资源整合共享和优化配置,有必要实现客货运,以及与电商、快递、商务、供销等的融合发展,形成"一点多能、一网通用、深度融合、合作共享"的城乡融合发展新模式,从而增强城乡交通运输的造血功能和服务水平。

(5)普惠均等。

普惠性是城乡交通运输一体化发展的基本特征之一,更加注重普惠均等也是城乡交通运输一体化发展的基本要求。从发展历程看,城乡关系从二元分割到一体化,再到融合,经历了较长的过程,农村交通运输也经历了从建设到建养运管并重,再到高质量发展的阶段,农村公路不断加强骨干线网和基础网建设,强化安防工程,扩大服务范围,补齐发展短板,各地交通成果也在适当向农村倾斜,这使城乡交通运输服务更加普惠均等,人民共享发展成果。

综上所述,研究认为可以从设施一体、服务优质、安全高效、业态融合、普惠均等五个方面选取 22 项指标,构建城乡交通运输一体化发展水平量化体系,见表 4-6。

城乡交通运输一体化发展水平量化体系 表4-6

量化对象	量化维度	序号	量化指标	指标解释
城乡交通运输一体化发展水平	设施一体	1	客运设施一体化建设情况	(1)新建、改扩建农村公路项目与农村客运站点统筹规划建设情况； (2)农村客运站点的覆盖情况； (3)市县城区内三级及以上等级道路客运站场与城市公交站点的换乘距离
		2	物流设施一体化建设情况	(1)县级共同配送中心-乡镇综合运输服务站-农村物流服务点三级物流网络体系建设情况； (2)三级物流节点具备农村物流、农村客运、邮政快递、电子商务、便民服务等多项功能的情况
		3	较大人口规模自然村（组）通硬化路比例	通硬化路的较大人口规模自然村（组）数量占比情况
	服务优质	4	城乡道路客运车辆公交化率	行政区内城市公共汽电车辆和公交化运营的农村客运车辆数的规模占比情况
		5	农村客运班次准点率	(1)每条农村客运线路每天的发班情况； (2)短距离城乡公交线路与长距离城乡公交线路的发班情况； (3)行政区内农村客运班次的首末站准点运行情况
		6	城乡客运便捷换乘水平	(1)最多一次换乘直达县城的建制村数量占比情况； (2)农村客运与县城公交、火车等其他运输方式换乘的平均等待时间
		7	重点时段客运服务保障	提前制定农忙、赶集、节假日等重点时段客运保障方案，及时对外发布，畅通信息渠道，并有效落实情况
		8	主要快递品牌服务质量	(1)主要快递品牌可实现直投到村的建制村数占比情况； (2)主要快递品牌可实现"即日达"的建制村数占比情况

续上表

量化对象	量化维度	序号	量化指标	指标解释
城乡交通运输一体化发展水平	服务优质	9	城乡交通运输服务满意度	统一的投诉举报电话设立情况及电话投诉处理完结情况
	安全高效	10	农村公路安防设施配备率	农村公路上安防设施的安装比例或覆盖率
		11	智能安全监控	(1)建立农村客运班线通行条件联合审核机制建立情况; (2)城乡客货运输车辆安装、使用智能监控设备,能够对驾驶员行为进行实时监控和安全提醒的情况
		12	城乡交通运输服务规范性	(1)城乡道路客运车辆统一管理、统一服务标准、统一外观标识等情况; (2)城乡综合运输服务站点统一运营标识情况
		13	集约化经营	(1)并采用公车公营模式管理的城乡客运经营主体情况; (2)重点农村物流、邮政快递经营企业或相关企业组建第三方共同配送主体或企业联盟,开展共同配送的情况
		14	城乡综合运输服务信息可及性	(1)集客货邮供需信息发布、查询、运力调配、安全监管、服务质量监督等功能的运输信息服务平台建设情况; (2)有手机 App、微信小程序等客货运输服务软件的开发情况
		15	新能源车辆比例	新能源客货运输车辆标台数占比情况
	业务融合	16	客货邮融合发展	(1)客货邮融合发展线路开通情况; (2)客车带货的合规车辆配置情况; (3)农村物流"共同配送"业务开展情况; (4)客货邮信息实现互联共享情况

量化对象	量化维度	序号	量化指标	指标解释
城乡交通运输一体化发展水平	业务融合	17	运游融合发展	(1)旅游公交、旅游专线等特色运输服务开展情况； (2)在客运场站、站点站牌中融入旅游元素、旅游功能等情况
		18	交产融合发展	(1)"产业路""园区路"等建设情况及路衍经济发展情况； (2)农村物流、邮政快递与特色农业、电商、供销等产业的融合发展情况
	普惠均等	19	票价显著惠民	(1)"群众享实惠、企业可持续、财政能负担"的城乡道路客运价格体系构建情况； (2)票价优惠(含特殊群体优惠)机制建立及票价优惠政策落实情况
		20	考虑适老化、无障碍等出行服务场景	在客运站点、客运车辆等方面充分考虑了适老化、无障碍等出行服务场景,配置相应的设施设备等情况
		21	创造稳定的经济和社会效益	(1)盘活客运闲置资源,降低物流配送成本,拉动地方经济增长情况； (2)增加就业,提升城乡居民出行和物流服务品质情况
		22	政府兜底保障	(1)将城乡交通运输一体化发展规划纳入城市总体发展规划等情况； (2)县级人民政府出台城乡交通运输一体化发展的财政保障政策并予以落实情况； (3)补贴资金与城乡交通运输服务质量考核挂钩情况

4.3　动态监测框架

4.3.1　监测思路

我国全面建成小康社会以后,进入了现代化强国建设新阶段,全面推进乡村振兴要求城乡交通运输发展由完善基础设施转向完善运输服务。同时,随着城镇化进程的加快、农村居民收入水平的提高和对商品服务品质的追求,农村的居民出行需求、货运物流需求、农村产业结构、人口结构等都将发生着变化。因此,鉴于城乡交通运输服务的新要求以及保障其可持续发展能力,需要选择能够及时反映城乡交通运输运营状态和水平的波动性指标,对城乡交通运输一体化发展水平进行长期动态监测,以更有效直观地反映城乡交通运输服务的发展质量。

城乡交通运输一体化发展水平量化是对某一时点县(市、区)城乡交通运输一体化发展水平的静态评估,它体现维度全面、包含指标较多,短期内波动相对稳定,适合于横向对比和一段时期的纵向比较,它不能及时反映波动情况。构建城乡交通运输一体化发展水平动态监测指数可以监测不能直接相加或对比的城乡交通运输发展动态,也可以反映城乡交通运输发展过程中各因素变动的影响程度。为更好、更灵活地跟踪监测城乡交通运输服务随市场波动变化的情况,及时反映运营服务质效,有必要选择少数更具波动性和反映市场时效性的指标,构建城乡交通运输一体化发展水平动态监测指数,聚焦便捷服务和高效运行,重点展现城乡交通运输服务供给质量和效率。

城乡交通运输一体化发展水平动态监测指数应具有三个基本的特点:一是立足市场,即以需求为导向,反映城乡交通运输市场变化情况以及服务供给满足市场需求的情况;二是聚焦服务,即从客、货两个维度,选择能够反映服务质量、效率以及客户体验感的指标,构建城乡交通运输一体化发展水平动态监测指数,重点体现城乡交通运输服务的变化情况;三是反映波动,即选择随时间和市场变化有一定波动性的指标进行监测,便于根据指标波动情况给出相应的预警,并及时采取有效的措施。

基于此,城乡交通运输一体化发展水平动态监测指数的指标选取,应以客、货为维度,以服务为导向,以满足行业优化服务供给为原则,选择能充分体现城乡交通运输服务水平波动的少量指标作为指数计算的基础指标,即可考虑从以下几个方面选取基础指标。

(1)城乡客运车辆平均候车时间。对城乡客运站点及其乘客进行随机抽样,调查其候车时间,并进行算术平均。它反映了城乡客运服务的便捷程度。

(2)城乡客运车辆班次准点率。它是指城乡客运车辆班次的首末站准点运行数占城乡客运总班次的比例。它同样反映了城乡客运服务的便捷程度。

(3)城乡客运车辆满载率。它是指城乡客运车辆运载乘客的平均满载程度,反映了城乡客运车辆的经营效率。计算公式为:

$$满载率 = 实际载客量/最大载客量$$

(4)客货邮融合业务量。它是指客货邮融合线路上,客车代运邮件的数量,反映了城乡客运和城乡物流融合发展和资源整合利用的程度。

(5)城乡交通运输服务满意度。它可以利用城乡交通运输服务电话定期进行投诉回访测度,也可以设计调查问卷,抽样进行满意度调查,反映了城乡居民对交通运输服务的满意程度和体验感。

4.3.2 推进路径

以既有的城乡交通运输一体化相关指标及统计渠道为基础,结合大数据等新技术手段,统筹运用城乡客运、城乡公交、物流企业等信息平台,推进相关统计与数据资源采集、获取与运用,围绕服务乡村振兴,提升城乡交通运输服务均等化水平,加快建立完善城乡交通运输一体化发展水平动态监测指数,具体推进路径可以从四个方面着手。

（1）明确监测牵头机构。

为实现指数的客观性、独立性和公信力，国内外指数一般由第三方机构等采用多种方式向社会公布，政府不参与指数发布工作。如美国 ACSI 由第三方机构发布；我国的 PMI 和 LPI（物流业景气指数）则由中国物流与采购联合会独立完成指数研究与发布的全部工作，政府机构或外部专家均不参与。城乡交通运输一体化发展水平动态监测指数构建也应由第三方机构牵头实施，并负责对外公开发布。

（2）建立协同工作机制。

推进城乡交通运输一体化发展水平动态监测工作应建立由国家交通运输主管部门牵头的协同工作机制。第三方机构研究工作可以由相关科研机构联合推进，彼此建立数据传报与共享机制，国家城乡交通运输一体化示范创建县应与第三方机构信息平台建立数据信息常态化填报机制。

（3）明确指标及指数的发布周期。

结合监测指标的收集汇总频次，分为月度、季度和年度分别发布发展水平动态监测指数的情况。如发展水平静态评价结果可分年度发布，短期内波动不明显，基础数据存在一定的滞后性；动态监测指数可分月度、季度和年度发布，指标随市场有一定的波动，适合进行动态监测。

（4）组织开展监测结果试验性发布。

鉴于指数编制测算工作在前期需要开展大量的探索性研究，有逐步完善的过程，为使各阶段工作更加聚焦，初期可发布以国家城乡交通运输一体化示范创建县为样本的监测指数，待工作机制、指标和指数架构与模型等基本成熟后，再扩展至全国各县（市、区），并且可以在指数发布的同时，对各县（市、区）指数得分进行排序，不断扩大指数的影响力，增强各地提升城乡交通运输一体化发展水平的积极性。

CHAPTER 5 第 5 章

城乡交通运输一体化
发展主要启示

纵观世界城乡交通发展史,在快速工业化、城镇化进程中出现的城乡交通基础设施网络不完善、城乡交通运输服务水平不高等问题已经成为全球性的普遍问题。发达国家如美国、日本、德国、英国等在实际发展过程中对于城乡交通运输一体化发展高度重视,分别根据自身的人口、地形、产业和经济特点探索出了适合本国国情的城乡交通运输一体化实施路径,为我国推进城乡交通运输一体化发展提供了宝贵的启示。

5.1 国外典型做法

5.1.1 美国——依托小汽车和现代化基础设施,实现城乡一体化

美国由于 20 世纪 50 年代以来的"城市蔓延浪潮",经济社会活动向郊区转移,私人小汽车大量涌入郊区和农村,对城乡客运和公交造成极大冲击。20 世纪 90 年代后,美国政府开始重视为农村地区无条件驾车弱势群体的就医、上学、上班等出行需求提供交通运输服务,但小汽车在美国农村居民出行中仍占主导地位。在美国农村居民出行结构中,小汽车占 90.3%、公交占 0.4%、自行车占 0.4%、步行占 6.4%,公共交通主要起到基本出行保障作用。

为适应以小汽车为主导的出行体系,美国打造了完善的现代化农村交通基础设施体系,为城乡居民享受均等化服务提供了保障。美国的公路按功能划分层次,城乡路网衔接顺畅,城乡间往来快捷方便。美国农村地区的公路技术等级、路面铺装,以及客货运场站服务水平与城市相差无几,大大缩小了城乡间差距。随着通信技术的发展,现代交通设施进入农村,进一步促进城镇和乡村的融合发展。目前,美国城镇化率已达到 83%,传统意义的农村社区几乎不存在,

城市和乡村除主体产业和景观差别外,生活水平和现代文明程度基本趋同,实现了真正意义上的城乡一体化。

城乡物流发展方面,依托现代化城乡基础设施,美国建立了庞大、通畅、高效和专业化的农产品物流体系。美国约90%的农场主拥有土地超1万亩,农业生产的地域分别明显,不同农产品根据各地自然环境特点,分别在不同州进行生产,目前已经形成了固定且高效的流通网络,几乎每个大型农场都有专业包装、分拣、储存和运输系统。美国十分重视农产品物流的立法工作,几乎为每一个农产品流通环节都制定了明确的法规,从而维护了流通秩序、提高了流通效率。

美国农产品物流一个最明显的优势在于将其发达的农业信息流作为农产品发展的基础。农业生产数据和信息的收集、传播和共享为美国农产品物流发展提供了及时、准确的信息。美国农业部是美国最大、最全面的农业信息收集、分析、整理、发布和供应的权威机构,建立了手段先进和渠道畅通的全球电子信息网络,为农业物流的发展提供信息服务,物流企业可以迅速收集畅销信息,并根据生产和销售的具体要求,及时组织农资和农产品供应。

5.1.2 日本——以大都市圈为主导,带动城乡一体化发展

日本是第二次世界大战后首个实现工业化的亚洲国家,目前,日本城镇化率超过90%,远超东亚地区55.6%的平均水平。日本大都市圈集聚程度非常高,全国约半数人口集中在东京、大阪、名古屋三大都市圈。包括东京在内,日本共有11个人口超过百万的大城市,另外还有50多个人口超过30万的中型城市。目前,日本传统意义上的农村及农村人口非常少。

日本根据都市圈同城化的发展特征以及南北狭长的国土空间结构,构建了以轨道交通为主体、覆盖全国、联通城乡的客运服务网络。日本城乡间客运以轨道交通为主体,公交及其他客运线路在地铁站附近接驳。日本农村的轨道交

通基础设施十分完善,许多乡村周边均有轻轨到达,有效保障了同城化发展进程中的城乡人口流动。日本的农村公路几乎已全部硬化,除轨道交通外,农村居民还可以凭借密集的乡村道路网驱车进城。日本土地稀缺,城乡道路狭窄是典型特征,但由于轨道交通等公共交通发达,日本私家车保有量少、使用率低,加之高效的交通管理,交通拥堵现象得到有效控制,同时促进了城乡交通系统绿色低碳发展。

城乡物流发展方面,日本大力推进物流基础设施现代化建设。日本是建设物流园区最早的国家,考虑到国土面积小、国内资源和市场有限、商品进出口量大等因素,在大中城市、港口、主要公路枢纽都规划建立了物流园区。为了扶持现代物流和农村物流发展,日本以86~88个物流园区为核心,各种配送中心、物流中心为节点,建立了由循环配送线路连通的、覆盖城乡的物流体系,大大提高了城乡物流效率,有效带动了农村物流末端节点,配合现代化运输配送、包装加工、冷链设备及信息化平台等,为本国农产品城乡间流通及进出口奠定了良好基础。

5.1.3 德国——统筹城乡发展规划,引领客货运集约专业化发展

德国城镇化率达90%,城乡融合度已达到较高水平。在推动城乡发展一体化的过程中,德国统筹城乡交通运输发展规划,通过中小城市和小城镇的交通运输通道规划建设,加强城乡之间要素流通,带动整个区域协调发展。德国重视培育农村地区造血功能,通过加强农村交通基础设施建设,改善农村发展环境和农业发展能力,促使农业产业化,将企业向农村地区扩散,增加农村就业岗位,同时打造完善的农村交通运输服务体系,提供高品质的客运服务和专业高效的物流服务,实现城乡基本服务一体化。

城乡客运发展方面,德国鼓励地方成立公共交通联盟,实行区域经营管理模式。德国是最早实行区域客运一体化的国家之一,主要以成立公共交通联盟

为客运组织方式,将城乡道路客运统筹考虑,通过整合资源提升服务品质,扩大服务范围,合理调配运力,客运企业可较为自主地根据需求规划调整线路,实现区域经营。例如,由多家公共短途客运公司组成的汉堡交通联盟,联盟内各单位联合经营,相互协作,共享交通资源,全面满足客运需求,统筹规划发车线路和班次,为城乡居民提供高品质、多样化服务,汉堡地区乘客可以在交通联盟覆盖的区域内非常便捷地出行。

城乡物流发展方面,德国大力推动信息化、专业化建设。受益于德国经济产业的高度信息化,德国城乡物流业同样具有较高的信息化水平,物流企业全部实现了基于信息系统的物流活动组织,通过信息化压缩物流活动全过程中的闲置时间,提高物流乃至生产过程的整体效率。德国城乡物流专业化水平极高,德国标准化的冷链体系,以及运输、存储、包装等企业的紧密合作,为农产品顺畅流通提供了专业技术保障。在德国,大量大型冷藏运输车担负着农产品产地、加工厂、销售点之间的联系,无论是肉类、鱼类,还是蔬菜、瓜果,从产地或加工厂到销售网点,只要进入流通领域,这些食品始终处在一个符合产品保质要求的冷链通道中运行。

5.1.4 英国——依托科学规划,助力城乡交通运输融合发展

英国是高度城市化的国家,城镇化率超过83%。从20世纪中期开始,英国在科学规划的基础上,通过不断提高农村交通基础设施和融合发展水平,推动城乡交通运输一体化发展,实现了大中小城市和镇村的精密化协调发展。

英国对农村公路的规划强调地方自身需求的优先性,将交通规划和城镇规划同步进行,允许各地方交通规划机构在土地、经济和环境一体化原则下,结合本地区实际自主制定一个可以满足本地区交通需求的全面计划,保障了农村公路与区域路网衔接顺畅。

城乡物流发展方面,英国注重发挥农业合作社的作用,推进交通运输资源

共享。合作社是英国具有特色的一种合作组织,奉行"一切以用户为中心"的经营理念,建立适合市场经济的组织体系。其中,农业合作社主要从事农村地区物资采购、农产品加工和销售、涉农物资仓储运输,以及农村基础设施(如运输设施等)建设和共享使用等。农业合作社设立服务网点体系,为用户提供全方位服务,服务领域涉及农资销售、农产品运输、金融服务、零售等,通过生产方、销售方、运输方、服务方等的联合,扩大规模,在较为全面的信息支撑下,在物资流通环节统筹资源配置,实现交通运输资源共享,降低消耗成本,提供多样服务,使各方从中得实惠。

5.1.5 韩国——依托新村运动,实现城乡交通基础设施大幅改善

自 1953 年朝鲜停战至 1960 年前,韩国经济社会各方面均处于萧条落后状态。1960 年以后,韩国政府实施了恢复经济的两个五年计划,韩国经济得到快速发展,城市化进程快速推进,但城乡发展差距急剧增大,农村人口大量无序向城市迁移,部分农村地区的农业发展几近崩溃。为改善这一现状,1971 年,韩国政府针对农村开展新村运动,在改善农村面貌的同时,使农村经济和城市经济发展同步提高,城乡交通一体化发展水平大幅提升,同时加快了韩国进入世界发达国家行列的进程。

韩国的新村运动是一场由政府发起并主导的自上而下的农村现代化运动,它以提高农民生活水平、生活环境以及伦理道德水平为主要目的,通过一系列政府援助以及农民自主的方法,引导农民发挥主观能动性积极建设家乡。

改善农村交通基础设施条件是新村运动的主要内容之一。新村运动开始前,韩国村级公路极其弯曲狭窄且没有桥梁,大型车辆和农用设备根本无法通过。1970 年 11 月,韩国政府开始向全国所有村庄无偿提供水泥等物资,地方政府则负责利用好这些物资,以此支撑公路、桥梁等 20 余项基础设施项目建设。在新村运动实施的第一年,韩国 3500 个村庄中有 1600 多个村庄十

分积极且成绩显著,超出了政府预期。第二年,政府继续向这些村庄追加物资援助,并且将3500个村庄划分成三个等级,即自立村、自助村、基础村,基础村为积极性和成绩最差,政府只将物资分给自立村和自助村,以此来激发农民的积极性。经过一段时间的努力,在1973年占全国三分之一的基础村,到1978年时已基本消失。20世纪70年代末期,韩国新村运动中已修建桥梁7000余座,修筑与改善农村公路7000多公里,除极个别村庄外,全国农村已基本实现村村通车。

5.2　对我国推进城乡交通运输一体化发展的启示

5.2.1　完善城乡交通基础设施建设

从发达国家实现城乡一体化的发展历程来看,建设完善的城乡交通基础设施是缩小城乡差距、促进要素流通、推动城乡一体化发展的先决条件。美国城乡交通基础设施建设权责明晰,市政道路与公路的建设、养护标准体系一,农村公路的技术等级、路面铺装与城市道路相差无几,为城乡均等化的交通运输服务提供了可靠保障。日本通过建立完善的城乡物流基础设施体系,引领物流业快速发展,大大提高了全社会物流效率,使得日本的物流效率迅速赶超了欧美国家,成为世界第一。韩国开展新村运动激发农民主观能动性,短短数年间实现城乡交通基础设施大幅提升,为城乡一体化快速发展奠定了基础。

目前,我国城乡交通基础设施发展水平差距较大,农村公路等级路率低,农村客运场站设施覆盖率低,县、乡、村三级物流体系仍不完善。当前,我国应借鉴国外经验,加大对农村交通基础设施建设投资力度和技术支持,持续改善城乡道路网络结构,做好城市道路与农村公路的衔接,推动城乡交通运输场站体系持续完善,加快建设县、乡、村三级物流节点网络。提高农村居民在交通基础设施建设、管理、养护中的参与度,切实把握实际需求,使农村交通基础设施建设更加精准化、高效化。

5.2.2 完善城乡客运组织服务模式

发达国家在实现城乡发展一体化的过程中,根据本国国情因地制宜探索了不同的城乡客运组织模式。德国大规模开展区域经营,扩大企业自主经营权,为城乡居民提供高品质、多样化服务。日本根据以都市圈主导的发展特点,构建了以轨道交通为主体、公交和私人小汽车为辅的客运服务网络,依靠高效的交通管理,实现了城乡道路虽窄但拥堵可控的交通体系,公共交通高分担率促进了城乡交通系统绿色低碳发展。

目前,我国农村客运与城市客运在线路规划、组织模式以及运营管理上存在较大差距,一体化发展水平有待提高。完善城乡客运组织服务模式,应借鉴国外发展经验,因地制宜采取一种或多种运营模式,合理选配相关运输装备,提高城乡客运"造血"能力,满足农村居民往返城乡的个性化出行需求。中心城市、都市圈、城市群周边等有条件的区域可探索轨道交通等快速、较高品质城乡公共客运服务模式,引导城乡交通绿色低碳发展,构建中心城市与周边县城间快速通道、县城与县域内主要节点便捷集疏运的出行体系。

5.2.3 推进城乡交通运输资源共享

英国充分发挥农业合作社作用,在物资流通环节统筹资源配置,实现交通运输资源共享,降低消耗成本,提供多样化服务,使各方从中得到实惠,为我国城乡交通运输发展提供了重要借鉴。

随着我国现代化农业生产进程加快、农产品冷链快速发展、农村电子商务和农产品直播带货等新业态兴起,目前城乡交通运输一体化发展水平还不能适应城乡居民对交通运输新的需要。当前可借鉴国外经验,从两方面推进城乡交通运输资源共享:一方面,通过建立合作机制等措施推动交通运输与其他业态融合发展,做好"农村客运、物流网点、电商快递、邮政、供销、乡村旅游、载体广告"等融合举措,实现交通运输资源共享,服务乡村产业发展;另一方面,加快推进城乡综合运输站点的科学规划和建设进程,破解农村客运站运营效率不高的实际情况,探索整合农村物流资源,实现节点资源集约利用、拓展乡镇客运站服务功能,打造具备城乡客运、货运(低空)物流、邮政快递、供销电商、旅游服务、养护管理等综合服务功能的节点设施。

5.2.4　加强农村物流信息化建设

德国物流业从市场结构上看较为分散,但是通过推广运输的信息化、标准化使分散资源有机整合,实现了各企业间协作分工新模式。

我国农村地区物流需求规模小、布局分散、季节性强,农村物流节点、运力资源不能实现有效共享共用,且农村物流信息化、标准化水平整体较低。当前可借鉴德国发展经验,推动建立并完善区域性农村物流公共信息平台,运用信息化、智慧化手段搭建高效组织的物流体系,加强各领域城乡物流网络与信息共享,发展统仓共配,减少农产品在运输、仓储等环节的损失率,从整体上降低物流成本,促进农村物流资源集约整合。

5.2.5　加强城乡交通运输一体化发展规划

科学的城乡交通运输发展规划对于引导区域健康发展尤为重要。美国制定了科学完善的交通规划规范,要求区域交通规划中明确包含城乡交通发展内容,保障了城乡间规划衔接顺畅。德国在城乡规划中优先保障交通设施建设用地,城乡客运基础设施用地由政府无偿提供,货运基础设施用地享受政府大力支持,推动了城乡交通运输高质量发展。英国的农村公路规划强调地方自身需求优先性,将交通规划和城镇规划同步进行,逐级做好各层次区域规划对接,农村公路与区域路网衔接顺畅。

我国城乡交通运输一体化规划较为薄弱,可借鉴发达国家经验,在城乡交通发展规划中做好两个方面:一方面,在县域交通规划中做好县城与乡村间一体化规划协调,推进县乡村(户)道路连通,在客流较密集的县城主要通道上推动公路、市政道路改造;另一方面,在城镇空间规划中加强交通与国土、规划、建设等部门统筹协调,在土地利用规划中对城乡交通建设用地科学规划、提前预留。

CHAPTER 6　第 6 章

城乡交通运输一体化
发展典型案例

交通运输部已组织三批城乡交通运输一体化示范创建,创建主题涵盖农村客运公交化改造、农村客货邮融合发展、城乡客运与旅游融合发展、农村运输服务信息化建设等多个方面。此外,交通运输部还组织了四批农村物流服务品牌创建工作,在国家示范创建的带动下,地方积极推进城乡交通运输一体化发展工作并取得了显著成效,农村路网提档升级,综合运输服务站融合发展,农村客运特色运营模式因地制宜、不断创新,交邮结合互惠共享,信息化服务水平不断提升。本书选取了不同区域、不同经济发展水平、县域经济产业各具特色的 10 个县(市、区)进行了案例分析,聚焦全域公交、农村客货邮融合、交旅融合、信息化建设、农村物流主题,充分挖掘了各县(市、区)在城乡交通基础设施、城乡运输服务和一体化管理体制、机制等方面的发展优势及特点,总结了其因地制宜创新发展模式的好的做法和成效,为我国其他县域推进城乡交通运输一体化发展提供借鉴。

6.1 全域公交案例

6.1.1 湖北省赤壁市

(一)基本情况

赤壁市是由湖北省咸宁市代管的县级市,面积 1723 平方公里,全市常住人口约 53 万人,2024 年地区生产总值约 575.79 亿元,城镇化率达 62.8%。赤壁市位于湖北省东南部,东与咸安区接壤,南与崇阳县交界,西隔潘河与湖南省临湘市相邻,东北与嘉鱼县连接,西北隔长江与洪湖市相望,素有"湖北南大门"之称。

赤壁市地处湘、鄂、赣三省接合部和武汉、黄石、岳阳等大中城市的经济技术辐射圈上,京广铁路、武广高速铁路、107国道、京港澳高速公路贯穿全境,黄金水道万里长江穿境而过,处于中国东西、南北交通大动脉的交汇处。随着"一带一路"倡议、长江经济带、中部崛起、长江中游城市群、中国(湖北)自贸区建设多重发展政策在湖北叠加,作为武汉城市圈西南重要节点城市、鄂南地区沟通鄂湘地区门户城市,赤壁市具有十分突出的区位优势。

(二)做法与成效

赤壁市把实施公交优先发展作为惠及民生的大事实事来抓,紧紧围绕"以人民为中心"的服务理念,积极推进城乡公交一体化,保障城乡居民同等享有"行有所乘"的基本服务,实现了"6个100%",即全市国有企业公车公营率100%、村镇通达率100%、公交进场率100%、纯电动公交车和空调公交车比率均达100%,城区公交站点500米覆盖率100%,老年卡、军人、残疾人免票100%,更好地让交通红利惠及广大城乡居民。

目前,赤壁市共开通城乡公交线路56条,投入运力168辆,覆盖全市140个行政村、近30万人;开通城市公交线路9条,投放纯电动车辆226辆,覆盖城区25万人;开通城际公交线路5条,投放车辆30辆,形成覆盖全境、辐射周边、便捷高效、智慧安全、便民惠民利民的全域公交服务网络。赤壁市全域公交一体化后,发班频率增加,整体票价下降20%以上,同时施行相应优惠政策,极大便利了群众出行。

(1)实现"一县一公司"集约化经营。

坚持全域理念,赤壁市组建成立市属国有企业——赤壁公交集团,整合城市公交、农村客运、县际客运等运输业务,推进城乡公交一体化改革,将全市所有乡镇、行政村(社区)纳入通公交范畴,整体规划线路,实施道路公交化改造,在全省率先实现村村通公交。所有公交车统一标识(图6-1)、驾驶员统一着装,提高规范化水平。全市所有车辆统一安装了线路走向图及 IC 卡刷卡、支付宝、微信扫码付费系统、公益性广告宣传、优待群体座椅等标识。

图 6-1　赤壁市公交统一标识

（2）提升全域公交覆盖率，完善特色公交服务。

①实现建制村通公交率 100%。赤壁市按照"城市公交覆盖城区全部建成区、城乡公交通达所有乡镇与建制村、城际公交畅联毗邻县市"的原则，示范创建期加速推动全域公交网络布局，提升全市公交服务覆盖水平。目前，赤壁市共有公交线路 83 条，全部由赤壁市公交集团经营，其中，城际公交线路 5 条，城市公交线路 9 条，城乡公交线路 56 条（主线 20 条、支线 36 条），定制公交 13

条,实现了城区公交站点 500 米覆盖率持续保持 100%、140 个建制村全部公交直达。图 6-2 所示为赤壁市城乡公交和城际公交开通现场图。

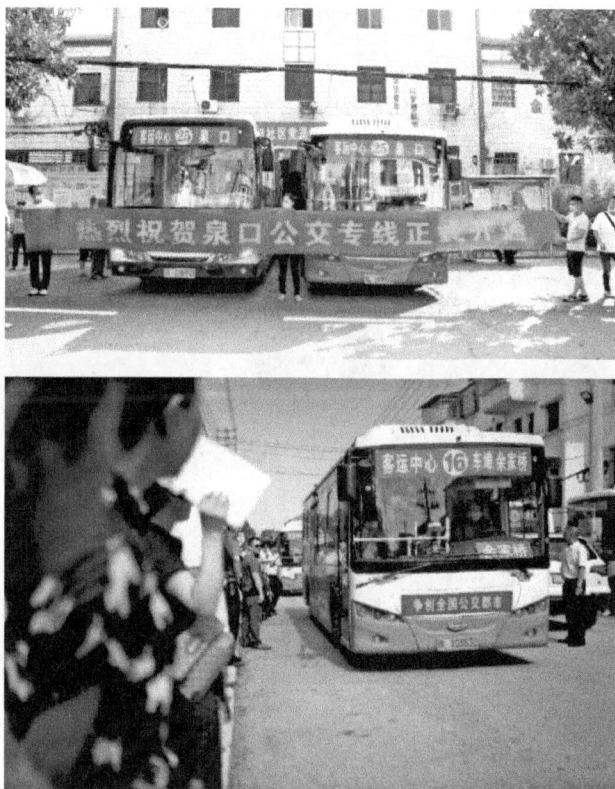

图 6-2 赤壁市城乡公交和城际公交开通现场图

②公交客运枢纽覆盖率高。目前,赤壁市共有 8 个客运站(客运中心、城南客运站、余家桥乡客运站、神山镇客运站、赤壁镇综合服务站、官塘驿镇综合服务站、赵李桥镇综合服务站、柳山湖镇综合服务站),覆盖由市中心逐渐向东北、东南、西南、西北四个方向延伸的乡镇网络。另外,赤壁市在主要乡道、村道上共建有农村候车亭 217 个,招呼站 145 个,基本做到"乡镇有站、大村有亭、小村有牌",形成了"以市区为中心、辐射周边县市及 11 个乡镇、140 个建制村"的城乡客运场站体系。

③开通乡村旅游专线。赤壁市整合区域内景区景点、生态资源、农业资源等,发展农村公交"赤壁一日游、周末休闲游",开通了 6 路、11 路、19 路、21 路、22 路、23 路、27 路等共 8 条旅游公交线路,带动乡村采摘园、旅游景点、农家旅舍、农家乐等发展,为乡村注入新活力。2022 年,全市旅游公交线路乘客约71.47 万人次,带动餐饮、住宿、土特产等综合收入约 1017 万元。图 6-3 所示为赤壁市开通旅游公交专线现场图。

图 6-3　赤壁市开通旅游公交专线现场图

④发展定制公交服务。赤壁高新区的员工来自全市各个乡镇,分布广、路途远,上下班困难。赤壁市已开通 13 条定制公交线路,实现了各乡镇与企业乘车时距不超 40 分钟。2022 年,赤壁市定制公交累计为 5 个乡镇(街道)3975 人提供上下班接送服务,共计节约交通费 469.05 万元,每人年均节约交通费1180 元。

(3)加密班次,降低票价,实现普惠便民。

城乡公交班次由过去农村客运每天十几个班次增至每天一百多个班次,平均 20~25 分钟一班,老百姓能随时搭乘公交车,并实现了城际公交、城市公交和城乡公交的无缝衔接,让广大农村居民享受到"零中转"出行服务。

城乡公交票价由过去农村客运票价 7～10 元/人次降为公交票价 3～5 元/人次,下调幅度 50%～57%。此外,全市公交对 65 周岁以上老年人、残疾退伍军人、现役军人、残疾人士等人群统一实行给予免费乘车服务。据统计,2022 年赤壁市城乡公交客流量达 574 百万人次,累计为居民减少乘车费用支出 1233.54 万元,免除乘车费用 961.41 万元。图 6-4 所示为赤壁市城乡公交惠民便民场景。

图 6-4　赤壁市城乡公交惠民便民场景

(4)打造绿色、智慧、安全公交,提升服务质量。

赤壁市推广纯电动公交车,在全省率先实现低碳绿色城市公交,相比原有普通柴油公交车,每年减少二氧化碳排放达 20354.34 吨。赤壁市还积极打造智慧公交,推出掌上出行公交 App 系统"赤壁行",装配智能 App 刷卡、支付宝、微信支付系统等,市民通过银联 App、NFC、赤壁行 App、支付宝等多样化的支付方式乘车,城乡居民出行更方便。

赤壁市所有公交车均配有北斗、GPS 双导航系统和中央冷暖空调系统,同时,赤壁公交集团投资 500 万元建设"城市大脑",构建的智慧公交平台具备智能调度、实时监控、主动报警、乘客查询等功能,覆盖城市公交、农村公交、旅游专车、物流班车、定制专车、校车等公共交通工具,实现对人员、车辆、物资、安全的全生命周期管理,提升安全保障能力。

6.1.2 浙江省龙游县

(一) 基本情况

龙游县是浙江省衢州市辖县,面积1143平方公里,全县常住人口约39万人,2024年地区生产总值约337.52亿元,城镇化率达54.7%。龙游县北靠建德,东临金华市区、兰溪,南接遂昌,西连衢江区,地处杭州、金华、衢州、丽水四市的交界处,区位优势明显,是浙江东、中部地区连接江西、安徽和福建三省的重要交通枢纽,素有"四省通衢汇龙游"之称,交通区位突出。县域内杭长高铁、浙赣电气化铁路、衢宁铁路穿境而过,杭衢高铁正在加快建设,杭金衢、溧宁等6条高速公路和G351、S315等国道、省道密集交会。

龙游县以高速公路、城际铁路为主骨架,以国道、省道为支撑,形成城际干线交通网络,30分钟到达衢州市区及金华市区,1小时内到达杭州市区,2小时到达黄山、丽水及温州市。龙游港区的开港运营实现了与宁波港、嘉兴港、太仓港、镇海港区等海河联运,开启了龙游通江达海的新阶段。作为同时被纳入长三角、杭州都市圈和海西经济区组团的城市,龙游日益完善的"公铁水"联运现代化综合交通体系,正逐步转化为开放开发、区域合作的竞争优势。

(二) 做法与成效

龙游县深入践行"城乡统筹、公交优先"发展理念,以打造"普惠民生、智慧高效"的现代化公交体系为目标,通过体制机制创新、服务网络优化、数字技术赋能,成功构建全域覆盖、惠民利民、安全智能的城乡公交一体化发展格局,实现"5个100%",即国有企业公车公营率100%、建制村公交通达率100%、新能源公交车辆覆盖率100%、城区公交站点500米覆盖率100%、特殊群体乘车优惠覆盖率100%,形成具有区域特色的公交发展"龙游模式"。

目前,龙游县全县开通城乡公交线路77条,投放新能源车辆195台,服务网络覆盖263个行政村、惠及42万城乡居民;创新实施"两元一票制",整体票价降幅达60%以上,年均为群众减少出行成本超千万元;建成浙西地区首个全域智慧公交管理平台,实现"人车路"协同管理和道路病害智能识别,推动城乡公交服务品质跨越式提升。

(1)推进"一县一企"改革,实现集约化运营。

龙游县率先实施城乡公交国有化改革,由县交投集团全面整合原民营客运企业,通过资产回购、线路优化、车辆更新"三步走"策略,实现全县公交"统一规划、统一调度、统一服务"。改革中创新实施"线路分级+干支衔接"模式,构建"城区干线+城乡快线+乡村微循环"三级网络体系,将原有67条分散线路整合为"12条主干线+55条支线",发车频次提升3倍,末班车时间延长至20:00,山区群众实现"出门见站、抬脚上车"。所有车辆统一喷涂"龙游公交"标识,标配双语报站系统、移动支付终端及无障碍设施,城乡公交形象焕然一新。

(2)优化全域服务网络,打造特色公交体系。

①实现"村村通公交"全覆盖。按照"城区加密、城乡提速、乡村通达"原则,龙游县重点攻坚28个偏远行政村通村公路改造,新建错车道186处、安全护栏45公里,创新开行"微公交""预约响应式公交",确保263个行政村100%通公交;城乡公交日均发车1200余班次,形成15分钟城区圈、30分钟城镇圈、1小时乡村圈的"15301"出行服务网。

②构建多层次枢纽体系。龙游县建成投用城乡公交总站、湖镇综合枢纽等4个县级枢纽,配套建设乡镇运输服务站15个、村级候车亭580个、智慧站牌230处,打造"县有枢纽、镇有驿站、村有亭点"的三级场站网络。特别在钱塘江诗路文化带沿线设置12个特色文旅候车亭,实现交通设施与文旅景观有机融合。

③开行"共富专线"助力乡村振兴。龙游县围绕"衢州有礼"诗画风光带建设,开通溪口老街—六春湖、湖镇舍利塔—三门源等8条文旅公交专线,串联15

个 AAA 级景区村、32 家民宿集聚区。年输送游客 53 万人次,带动农特产品销售 2300 万元,助力沐尘畲族乡等山区乡镇旅游收入同比增长 45%。

④创新产业园区定制服务。针对经济开发区、生态工业园等产业集聚区,龙游县开通"产业工人专线""学子专车"等 14 条定制线路,实行"企业点单、公交派单"精准服务;为 32 家企业 5800 名员工提供通勤保障,年节约通勤成本超 800 万元,助力企业招工稳岗成效显著。

(3)实施普惠票价政策,释放公交改革红利。

龙游县全面推行城乡公交"两元一票制",山区线路最高票价由 12 元降至 2 元,降幅达 83%,年均为群众节省出行支出 1760 万元。创新实施"四免三优"惠民政策:65 岁以上老人、退役军人、残疾人士、优秀教师全年免费乘车;中小学生 5 折优惠、普通市民刷卡 8 折、换乘 1 小时内免费。年累计服务优待群体 186 万人次,免除乘车费用 892 万元。同步开通"公交邮路",依托城乡公交代运邮件 23 万件,降低农村物流成本 40%,实现"客货邮"深度融合发展。

(4)构建智慧公交体系,筑牢安全服务防线。

龙游县投资 3200 万元打造"智行无忧"数字化平台,实现三大突破:一是全省首创"车载 AI + 道路感知"双预警系统,实时监测驾驶员状态和道路病害,日均处置疲劳驾驶、坑洞隐患等风险 200 余起;二是构建"数字孪生"线网模型,通过客流 OD 分析动态优化 36 条线路班次,高峰期运力提升 40%;三是推出"龙游通 + 公交"融合服务,实现手机实时查车、扫码乘车、失物招领等 12 项功能,App 用户突破 25 万。

龙游县全面推广新能源应用,195 辆公交车 100% 为纯电动车型,配套建设充电桩 85 个、光伏充电站 3 座,年减少碳排放 1.2 万吨。同时,创新实施"公交安全官"制度,每车配备安全监测终端,实现超速预警、危险品识别等 8 项主动防护功能,年行车事故率同比下降 67%。图 6-5 所示为"智行无忧"智能公交系统界面。

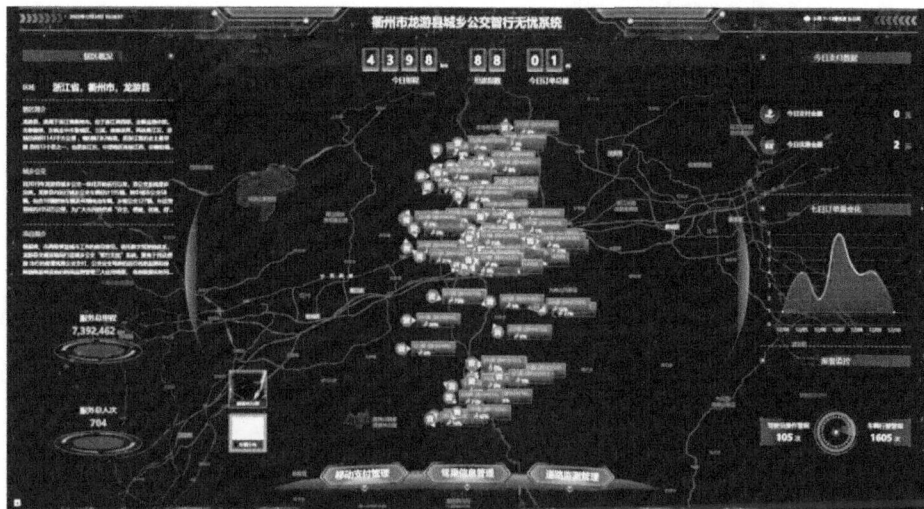

图 6-5　"智行无忧"智能公交系统

6.2　交旅融合案例

6.2.1　山东省曲阜市

（一）基本情况

曲阜市是由山东省济宁市代管的县级市,面积 815 平方公里,全市常住人口约 62 万人,2024 年地区生产总值约 459 亿元,城镇化率达 66.3%。曲阜市位于山东省西南部,是中国古代伟大的思想家、教育家、儒家学派创始人——孔子的故乡,是黄帝生地、神农故都、商殷故国、周汉鲁都,是东方文化重要发祥地,也是首批国家历史文化名城、全国优秀旅游城市、全国文明城市、国家卫生城市、全国文化先进市、全国科技进步先进市、全国最具投资潜力中小城市、国家乡村振兴示范县等,被誉为"东方圣城""东方耶路撒冷"。

（1）文旅享誉世界。

曲阜古为鲁国国都,旅游资源丰富,文化底蕴厚重,世界文化遗产孔庙、孔府、孔林"三孔"历久弥新,尼山圣境、孔子博物馆、孔子研究院"新三孔"蒸蒸日盛。曲阜市境内拥有 AAA 级以上景区 14 个,"三孔"景区 2007 年被评为国家 AAAAA 级旅游景区,各类文物点 819 处、各级文物保护单位 195 处,非物质文化遗产 205 项。2017 年 12 月 30 日,山东省人民政府印发《曲阜优秀传统文化传承发展示范区建设规划》,提出重点打造曲阜古城区、曲阜新区、尼山片区、九龙山片区,把曲阜建成宜创、宜商、宜游、宜学的儒家文化城市综合体。为彰显曲阜市"东方圣城、首善之区"的独特魅力,曲阜市特意打造了"儒韵公交、绿色惠民"的全域公交发展主题,使旅游与公交相结合,成为曲阜市最靓丽的两张名片。图 6-6 所示为孔庙。

图6-6　孔庙

（2）区位优势明显。

曲阜市北距省会城市济南 135 公里,东连泗水、西抵兖州、南临邹城、北望泰山,处于山东省三大经济圈之一——鲁南经济圈的绝对中心,北靠省会经济圈,南接徐州都市圈,东临胶东经济圈,西抵中原经济区,处于京沪经济带和日菏经济带的交汇处,在区域发展格局中起着举足轻重的作用。依托曲阜市四通八达的干线网,可以实现与鲁南经济圈内部城市 1 小时联通,以曲阜为中心,半径 500 公里的范围内覆盖了京津冀、环渤海、山东半岛、长三角等中国最具潜力的经济区域。

(3)生态环境优美。

曲阜市四季分明、冬冷夏热,先后荣获国家生态市、国家园林城市、国家森林城市、国家全域旅游示范区等多张国家级"生态名片"。曲阜市十分重视生态修复整治,建设了孔子湖、崇文湖、蓼河、沂河等人工湿地,重点打造了蓼河二十里现代版清明上河图旅游景观带,实现了城区水系"六河贯通",形成了"水绕城、水环城、水养城、水美城"的独特景观(图6-7)。

图 6-7　曲阜生态环境

(二) 做法与成效

(1)加强乡村旅游公路建设。

为进一步放大曲阜文化旅游资源吸引力,不断完善农村公路沿线旅游配套服务设施,推动农村公路由"通行线"向"风景线"转化,曲阜市实施"农村公路 + 文化旅游"试点工程。曲阜市初步打造了 5 条各具特色的乡村旅游公路(图6-8):一是泗河风光骑行线,沿泗河堤顶路建设慢道,高标准绿化,形成滨河 59.6 公里骑行风景线;二是沂河景观旅游线,沂河南岸滨河大道增加道路绿化节点,增加绿化造型层次,形成 22 公里沂河景观旅游线;三是尼山环湖北路景观线,改造提升 3.14 公里环湖路,现已成网红打卡景观路;四是九龙山新阶段文明实践线,巩固提升武家村、前西庄,形成 11 公里文明实践线;五是防山乡村记忆线,改造防山东部曲双公路、曲双路北复线、曲双路石汪至尼山曲尼路等道路,形成 15 公里防山乡村记忆线。目前,曲阜市正计划实施尼山环湖路二期工程和石门康旅慢城路网建设项目,切实打造集生态、景观、旅游、文化、产业等功能的"畅、安、舒、美、绿"的品牌农村旅游路。

图 6-8　曲阜市乡村旅游公路

(2)开通便民旅游公交专线。

城市旅游专线作为一种新型的旅游服务模式,是未来发展的方向,也是城市合作和区域旅游无障碍化的基础。为了满足曲阜市旅游业快速发展和旅游市场新变化的需要,不断完善全域旅游服务体系,营造良好有序的旅游秩序,曲阜市审批开通汽车站—石门山、汽车站—九仙山、汽车站—九仙庙、汽车站—尼山圣境 4 条旅游公交专线,改善游客的便民出行体验,促进旅游业发展。图 6-9 所示为曲阜市"交通 + 旅游"旅游公交专线。

图 6-9 曲阜市"交通 + 旅游"旅游公交专线

(3)拓展客运枢纽旅游集散服务功能。

曲阜市充分利用汽车客运站等客运枢纽的闲置资源,设立游客集散中心,加大对曲阜市旅游资源和旅游特色的宣传(图 6-10),并围绕客运枢纽,开展景点直通车、约车租车、线路定制等旅游运输服务项目,使客运枢纽成为助力游客便捷换乘的前沿阵地。

图 6-10 曲阜市汽车客运站的交旅融合元素

目前,以交通为纽带,曲阜市建成了全国第一个文化国际慢城,吴村、石门山、尼山成为济宁市级美丽乡村示范片区,吴村镇被评为中国美丽乡村建设示范镇。曲阜市创建了省旅游强镇 8 个、旅游特色村 23 个,成为全国休闲农业与乡村旅游示范市,促进了尼山圣源小镇、陵城海棠小镇、石门花开万家香草小镇、吴村民俗小镇等旅游特色小镇建设,成为"运游融合"发展的典范。

(4)地区特色文化公交服务。

①实施"背论语免费乘公交"政策。结合"背论语免费游三孔"活动,实施"背论语免费乘公交"政策,自 2016 年 7 月 10 日开始,凡参加"背论语免费游三孔"活动获得《荣誉证书》的游客,当日持《荣誉证书》乘坐公交一律免费(图 6-11)。

图 6-11 曲阜市"背论语免费乘公交"活动

②突出"儒风儒韵"客运特色。曲阜市秉承孔子故里儒家文化优势,在公交企业文化建设中融入儒学精华,扎实开展"学树建创"活动,全力打造"儒韵公交"品牌,努力实现"务本生道、厚德载物、跨越发展"的曲阜公交行业愿景。公

交站亭站牌、公交车内张贴、播放有关文明礼让的"论语"内容,使公交设施成为普及儒学知识、弘扬和传播优秀传统文化的交通载体。依托"人人彬彬有礼教育学校"平台,在全行业开展全员修身、全员守礼活动,以儒家文化为教材,以"社会公德、职业道德、家庭美德、个人品德"为主要内容,以"爱德、诚德、孝德、仁德"为核心,加强公交职工素质教育,使全行业形成人人仪表端庄、儒雅大方、文明知礼,车车干干净净、环境优美、秩序井然的工作生活环境。开展"出行礼让"活动,组织志愿者在公交站点维持秩序,引导乘客文明候车、排队上车,开展"文明公交示范线""彬彬有礼示范车""青年文明示范车""巾帼文明示范岗"评选活动,设立"善行义举四德榜",将公交车驾驶员拾金不昧、见义勇为、孝老爱亲等事迹上榜公布,起到了良好示范作用。图 6-12 所示为曲阜市公交车外观宣传标语。

图 6-12 曲阜市公交车外观宣传标语

③搭建民族文化的移动宣传阵地。2022 年 7 月 4 日,开通"民族团结号"公交专线,车头显著装饰"民族团结号"标识,车身喷涂民族团结主题宣传画,成为移动的民族团结宣传教育阵地。9 月 1 日,"双拥号"公交车正式投入运营(图 6-13),营造"军爱民、民拥军"的浓厚双拥氛围,成为曲阜双拥文化的一张崭新名片。

图 6-13 曲阜市"双拥号"公交车

6.2.2 湖北省丹江口市

(一)基本情况

丹江口市是由湖北省十堰市代管的县级市,面积 3121 平方公里,全市常住人口约 40 万人,2024 年地区生产总值超过 400 亿元,城镇化率达 64.8%。丹江口市位于湖北省西北部偏东、十堰市东部、鄂豫两省交界处,东临鄂北重镇襄阳市,西连车城十堰,南接房县而近神农架林区,北交南阳市,坐拥亚洲最大的人工淡水湖丹江口水库和世界文化遗产武当山等独特资源,素有"中国水都,亚洲天池"之称。

丹江口水库是我国南水北调中线工程的源头、国家一级水源保护区、中国重要的湿地保护区、国家级生态文明示范区,是亚洲最大的人工淡水湖,汉江的天然水位调节器,丹江口水库水质长期稳定在国家二类以上标准,水质优良。南水北调中线工程向河南、河北、北京、天津四个省(直辖市)的 20 余座大中城市供水,有效缓解了中国北方的水源严重短缺局面,惠泽 6000 万乡亲。

为保护好"一库清水",做好祖国的"守井人",丹江口市坚持"绿水青山就是金山银山"的发展理念,全力推进"绿满丹江口"行动,植树造林 38.67 平方公里,封山育林 15.33 平方公里,建设库区周边生态隔离带 66.67 余平方公里,森林覆盖率接近 60%,"一山一水"成为丹江口市两张最亮眼的名片。

(1)"一山"。

"一山"即武当山。武当山是中国道教圣地,被称为"亘古无双胜境,天下第一仙山",武当山古建筑群已被联合国教科文组织列入世界文化遗产(图 6-14)。武当山是国家 AAAAA 级旅游风景区、国家森林公园、中国十大避暑名山、海峡两岸交流基地,入选最美"国家地质公园"。

图 6-14 世界文化遗产——武当山

(2)"一水"。

"一水"即丹江口水库。丹江口水库位于汉江中上游,总面积 846 平方公里,平均入库水量 394.8 亿立方米,水库来水量大部分来自汉江和丹江。丹江口水库是目前中国功能最全、效益最佳的特大型水库之一,在防洪、发电、航运、灌溉、养殖以及旅游等方面都发挥着巨大的优势,被称为"亚洲天池"(图 6-15)。丹江口水利枢纽被周恩来总理称赞为中国五利俱全的水利工程之一。

(二)做法与成效

丹江口市制定了"一核两廊三环四区多支点"的全域旅游规划,推行"旅游 + 农业",形成以凉水河镇江口桔乡、石鼓镇玉皇顶果园场、习家店镇蔡家渡果园场、习家店农博园等为主体的江北百里生态农业观光走廊;推行"旅游+生态",形成以武当花谷片区、饶二片区、官山片区为核心的江南生态休闲康养走廊;推行"旅游+文化",打造以文化旅游创意产品为主体的民俗文化旅游体验区和古均州古镇文化体验区。通过精心塑造一批生态美景,挖掘乡村民俗文化,发展旅游品牌特色,完善乡村旅游产业链,助力农业增效,农民增收,农村繁荣。交通运输是丹江口市全域旅游开展的基础支撑,"交通+旅游"也在不断地深入推进。

图 6-15　亚洲天池——丹江口水库

(1)建设"最美山水公路"。

2022 年,丹江口市龙山大桥正式完工,将丹江口环库生态旅游公路串联成环,为"最美山水公路"画上了圆满的句号,成为全市生态旅游形象新名片。丹江口环库生态旅游公路(图 6-16)长 113 公里,将丹江口大坝旅游区、静乐宫、千岛画廊风景区等 15 个 A 级景区串联成一线,还有 50 处不同主题的观景台、10 处港湾式停靠站、20 余处生态绿地。丹江口市环库公路对于打造汉江生态经济带交通网,促进库区社会经济发展,壮大库区旅游产业,加快库区移民脱贫致富具有重要作用。

(2)开通多条旅游公交线路。

丹江口市具有丰富的水资源和旅游资源。丹江口水库是亚洲第一大人工淡水湖、国家南水北调中线工程水源地、国家一级水源保护区,中国重要的湿地保护区、国家级生态文明示范区,水库两侧山峰巍峨,水清岸绿,景色秀美;同时,丹江口市拥有丰富的旅游资源,武当山风景区作为国家 AAAAA 级景区,每年都会吸引大批游客前来游玩。

图 6-16 丹江口市环库旅游公路

丹江口市不断强化城区与景点、景区的公交线路衔接,提高发车频次,拓展"运游一体"服务。结合大型节假日旅客至主要景区的出行需求,开通衔接对外客流的旅游客运直达线路,串联各旅游景区之间的道路客运线路以及景点免费接驳公交线路,为旅客提供更为便捷的出行服务,推动"全域旅游"的发展。为方便外地游客来往于武当山高铁站与武当山景区,公交公司开通了 301 路城乡公交线路,起点为武当山西站,终点为武当山景区门口,为游客提供直达景区、便捷经济的出行服务。此外,还开通由市区前往沧浪海旅游港的 203、208 路公交线路和市区前往大坝公园的 108 路公交,实现"城乡客运+旅游"融合发展,对丹江口市旅游业的支撑和带动作用将日益凸显。图 6-17 所示为丹江口旅游公交及节假日免费接驳公交。

(3)打造水上旅游新选项。

水上交通的加快建设也给市域旅游带来新选项(图 6-18)。当前,丹江口市年水上旅客通过能力达 90 万人次,并不断推动旅游客运发展。丹江口市成功打造了丹江至郧阳岛、丹江大坝至小太平洋等多条水上旅游黄金线路。

图6-17 丹江口旅游公交及节假日免费接驳公交

图6-18 丹江口市水上旅游项目

（4）完善三级旅游集散体系。

丹江口市依托交通枢纽、乡镇文化站、景区（点）等资源，建立"1+1+1"的三级旅游集散体系，完善旅游公共服务功能；依托城乡综合运输服务站设立乡镇旅游咨询服务中心,同时拓展综合运输服务站的功能,除城乡公交的换乘等主要功能外,还提供天气情况、附近景点信息,并为省内外休闲游客提供休息场所。此外,丹江口市还在主要景点沿线积极打造交通驿站(图6-19),融合旅游咨询、旅游集散、商业、住宿、停车等多功能于一体,增强了游客的出行便捷度。

图6-19 丹江口市交通驿站

6.3 客货邮融合案例

6.3.1 湖南省临澧县

(一)基本情况

临澧县是湖南省常德市辖县,面积1203平方公里,全市常住人口约37万人,2024年地区生产总值约265亿元,城镇化率达46.7%。临澧县位于湘西北,澧水中下游,东、西、南三面环山,古为荆楚之域,是楚文化重要传承地,境内现存宋玉墓、申鸣城、九里楚墓群等;交通便利,207国道、东常高速纵穿南北,353

国道和即将建设的安慈高速公路横贯东西,枝柳、石长、洛湛铁路穿境而过。临澧县公路通车里程2665.6公里,比上年增长0.48%,其中,高速公路45.6公里;完成农村公路提质改造40.6公里,比上年增长57.36%。

(二)做法与成效

(1)推进"五个融合",创新客货邮融合发展。

①创新机制,推进市场主体融合。围绕以邮政公司为主导,快递公司广泛参与,客运公司协调配合总基调,多方参与,协议融合,依法履约,邮政公司、"三通一达"、极免快递鑫大道公司、欣运集团临澧公司等联合组建临澧县客货邮营运主体,构建共同配送、分时配送、集中配送联盟和机制,组建利益共同体,促进农村客货邮资源的高效集约配置。

②多点合一,推进服务设施融合。坚持以客运站为主,充分利用邮政支局、快递服务网点资源,通过合并改造,搭建起"县有中心、乡镇有站、村居有点"的客货邮县乡村三级服务体系。临澧县在紧邻县客运总站之处,投资1500万元建成了占地3000平方米的县级客货邮物流中心,配套建设了冷链仓库、农产品展示中心和电商直播间,整合快递公司入驻县级物流中心,实现统分统配,提升分拣效率80%,并根据群众需求和出行习惯,对客货邮服务站点进行合理优化布局。

③改造车辆,推进运输资源融合。加强与公交公司的深度合作,发挥临澧县全域公交广覆盖优势,鑫大道公交公司在保障旅客乘车需求和安全的前提下,不增加车辆、人员和运营成本,在80台农村公交车上设立邮政快递包裹储件箱并实行集中管理,客运驾驶员兼职快递接送员,开通了农村客货邮线路36条,辐射160个村(社区),邮件、快递物品实行公交"定时、定点、定线"配送。同时,针对部分线路下行货运量较大的情况,充分考虑实际需求,开通4条公交货运专线,在公交车下行时全部运送货物,在上行时运送乘客,提高运输效率。

④安全共享,推进信息数据融合。临澧县率先在全省实现邮件、快递件同机

分拣。以邮政监控体系为基础,建成了客货邮信息监控平台,将邮快件与客货邮公交车、镇村服务站点高效互联,实现了县乡村三级物流快递信息的全过程追踪。

⑤统一标准,推进服务水平融合。临澧县出台了《临澧县农村客货邮融合发展运营服务规范》,从站点建设、运营管理服务规范、收费项目、收费标准等方面六统一,形成标准化、规范化的临澧客货邮服务品牌,对全县镇村客货邮负责人和客货邮驾驶员进行全面培训,切实提升业务能力,为临澧县客货邮可持续发展奠定良好的基础。

(2)创新模式促进降本增效。

自城乡交通运输一体化示范县创建以来,临澧县创新跨业物流融合发展模式,着力推动体制机制、基础设施、运力资源、运输信息融合,探索形成了"集中分拣、用客运的车运邮政(快递)的货、到乡村服务站点服务城乡群众"的新模式,全面完成了农村公交车"客货邮包裹储件箱"的改造,邮件、快递物品实行公交"定时、定点、定线"配送,实现"人在家中坐,快递到门口,不出村里头,产品就运走"。通过创新模式,客运公司年增收80万元以上,邮快企业减少分拣操作人员30%,节省分拣、运输开支20%,农村群众每月节省寄递费、交通费20万元以上,实现了"政府省心、企业省力,群众省钱"。

(3)健全客货邮运营主体。

临澧县全县共有德邦、顺丰、京东、韵达等快递企业8家,从业人员600人左右,每月快递物件达180万余件。围绕以邮政公司为主导、快递公司广泛参与、客运公司协调配合的改革思路,联合组建客货邮运营主体,实现每天约55000件的快递配送,行政村通邮率达到100%。2023年,全县通过客货邮农产品上行7800吨,交易额2.99亿元,为7万农户增收9100万元。

(4)构建高效畅达的农村物流服务体系。

①完善县乡村三级客货邮网络体系。临澧县推进智慧客货邮场站建设。大件物流方面依托龙头物流企业——福泰物流,整合县内货运物流企业、营运

车辆、驾驶员等资源,已建成一个综合性智慧客货邮场站,配套智能公路港、仓储中心、零担配送中心、油料补给中心、车辆维护中心、"司机之家"服务中心等功能设施;小件物流方面对原有客运站场(点)、邮政服务网点、快递企业服务点进行集中整合,合理利用,构筑起"县有中心、镇有站、村有点"的三级客货邮融合发展体系。在安福车站新建一个3000平方米的临澧县客货邮物流中心,满足所有快递入驻,实现统分统配。同时,在原短途候车室建设300平方米的农产品展示中心,可入驻临澧本土特色农产品品牌约20个,并在展示中心设立电商直播间,让农村"土货"搭上电商销售"快车",完成销售后直接从分拣中心发向全国各地。依托现有乡镇客运站、邮政支局、电信营业厅建设16个集客运、邮政、快递、便民服务等功能于一体的乡镇客货邮服务站。建设村级服务点,结合电子商务选定村内地理位置优越、知名广的商超打造客货邮服务点,优先选定邮政、快递现有代投点,成功打造160个村级服务点,确保全县160个行政村(社区)全覆盖。图6-20所示为部分村级客货邮服务点。

图6-20　部分村级客货邮服务点

②拓展客运场站的货运物流功能。对现有客运站实施综合利用改造,完成了安福公交枢纽站、安福汽车站和新安镇、合口镇 4 个运输服务站的改建工程,拓展快递物流、邮政、旅游咨询、商业开发等服务功能,形成"一站多能"的客运站场综合利用格局,临澧县客运站综合利用率达 100%,提高了客运站点的可持续发展能力。

③构建客货邮融合发展新格局。构建由 1 个客货邮县级物流中心、16 个客货邮乡镇服务站、160 个村级客货邮服务点组成的三级农村客货邮体系,"实现多站合一",提供邮件快件收发、电商及农产品代销代购、便民缴费服务等服务。发挥城乡公交线路点多、线长、面广优势,加强客运企业与邮政、快递以及统一配送服务企业的合作,在 80 台农村公交车上设立邮政快递包裹储件箱实行集中管理,开通了农村客货邮线路 36 条,辐射 160 个村(社区),通过公交线路将邮政、快递包裹配送至镇村服务网点,形成了"城乡公交 + 小件物流 + 邮政快递"的客货邮融合模式。图 6-21 所示为公交车辆改装情况。

图 6-21　公交车辆改装情况

6.3.2　江西省安远县

(一)基本情况

安远县是江西省赣州市辖县,面积 2350 平方公里,全市常住人口约 35 万人,2024 年地区生产总值约 132.02 亿元,城镇化率达 49%。安远县位于江西省南部,赣州市东南部,地处长江水系赣江上游和珠江水系东江源发源地,同时也是闽、粤、赣三省交汇处,西接赣粤高速公路和 G105 国道,南接京九"大动脉",是粤港澳大湾区、闽东南三角区的直接腹地和内地通往沿海的重要通道之一。

(二)做法与成效

(1)建设智运快线,探索机器人物流新模式。

智运快线是通过低空架设钢索,云端系统控制穿梭机器人在索道上运输货物的新型智能化、轻量化、无人化运输系统,能满足城乡物流"少批量、多批次、多品种、长距离"运输需要,具备货物的实时跟踪功能,在一定程度上能够与电商物流、快件物流较好地结合,促进电子商务的进一步发展。穿梭机器人设计载重量为 100 公斤,目前试运行期间采用的是 30 公斤的箱体,可 24 小时进行配送,运行时速最高可达 60 公里,可实现县域内随时发送、一小时到达。据测算,100 公斤货物运输 100 公里,直接成本仅为 3~5 元,较传统物流方式下降 50% 以上。图 6-22 所示为智运快线低空索道。

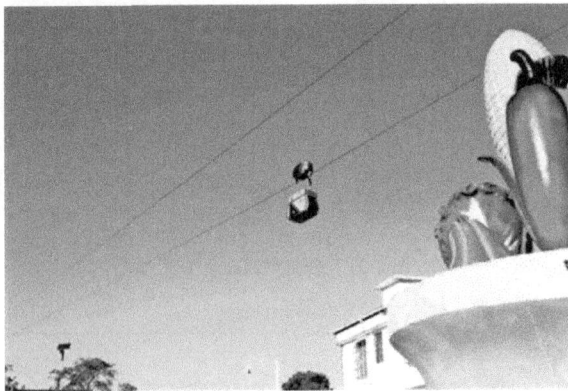

图 6-22　智运快线低空索道

(2)抢抓"互联网+"机遇,破除物流信息壁垒。

安远县不断加强农村物流设施建设,提升公共服务水平,促进产销对接,推进电商与农业产业、脱贫攻坚深度整合。建设运营"安远智运商城""智运云店""智运骑士""智运闪送"等一系列数字平台,发展"本地消费、即时配送"乡村零售新业态。为促进赣南脐橙集散中心的进一步发展,建设橙信通赣南脐橙大数据平台(图6-23),有效地解决了赣南地区脐橙运费高、果园果厂分散、物流发货成本高、果农收益低的问题,平台不仅接收赣南地区脐橙的数据,还包含了四川、重庆、广西、湖南、湖北、福建等地区的柑橘、柚子等水果产业的数据,根据不同区域不同果园的发货数量,可以提前将运力需求传输至物流企业,物流企业能够合理配置运力资源;也可建设分选云仓,环节发货压力,提高运输以及配送效率;此外,平台能够合理协调物流公司价格,让果农享受大客户价格,提高果农收益。

图6-23　橙信通赣南脐橙大数据平台

(3)推动交通资源整合,"客货邮"融合发展初具规模。

安远县不断推动交通资源整合,建设了集客运、电商物流等多功能为一体的综合交通服务站、邮乐购、电商服务站(图6-24),并因地制宜将综合交通服务站与邮乐购站点进行了整合,打造高效、集约的运输站场。"邮乐购"站点具备邮件收寄、电商快件寄递、手机充值、水电代缴等多种功能,实现让农村地区居民"购物不出村""销售不出村""便民服务不出村""金融服务不出村""创业不出村",很好地解决了物流、农民网购和网销问题。同时,积极探索试点"以客带货"客运线路,版石岭镇东村、车头镇龙头村、三百山符山村以及凤山东河村将交通运输服务站与邮乐购进行了整合,邮政公司除了采用包车收寄外,还开通了高云山、蔡坊两条客运公交线路捎带邮件包裹,保障了邮政快递100%的覆盖率。

图6-24　东河村综合交通服务站＋邮乐购＋电商服务站

6.4　信息化建设案例

6.4.1　重庆市沙坪坝区

(一)基本情况

沙坪坝区隶属重庆市,是重庆中心城区,面积396平方公里,全区常住人口约149万人,2024年地区生产总值约1220.9亿元,城镇化率达97%。沙坪坝区是重庆科教文卫大区、西部(重庆)科学城主阵地、西部陆海新通道始发地,是国家卫生区、全国文明城区、"中国天然氧吧"。沙坪坝区作为重庆母城的重要组成部分,是巴渝文化核心发源地、抗战文化重要发源地和"红岩精神"重要发祥地,也是全国首批文化先进区、全国文物保护先进区。区内拥有重庆谈判旧址"林园"、郭沫若旧居、国立中央大学"七七抗战"礼堂等抗战遗址70余处,其中,白公馆、渣滓洞等遗址是全国十大红色旅游景区和全国爱国主义教育基地。

沙坪坝区是重庆主城面向渝西地区的重要连接点,是成渝地区向南通达珠江三角洲、北部湾以及向东通往华中、长江三角洲、京津冀城市群的重要衔接转换枢纽,具有对内坐拥多个门户枢纽,对外衔接多条成渝综合运输通道的交通区位优势,在重庆市乃至成渝地区综合交通运输网络中发挥着重要作用。全区集聚了自由贸易区、铁路口岸和西永综保区等国家级对外开放平台,以及电子信息、口岸物流、创新研发等多种产业形态,是成渝地区"国家级陆港型综合交通枢纽"和重庆市经济产业对外开放的载体。2011年,在沙坪坝区开通全国首趟中欧班列(渝新欧),2017年,开通全国首趟陆海新通道班列,"一带"与"一路"在此交汇,形成"四向齐发"通道体系,共辐射120个国家480个港口。

(二)做法与成效

(1)客运服务信息化水平稳步提升。

①打造数字公交运营平台。数字公交平台通过集成创新技术和提供全面的运营管理方案,基于客流智能排班,实现过程全面运行监控和运营分析反馈优化;提供定制公交、学生专线、上班通勤等多元化出行服务;实现不同场景下的调度,如重大节假日、重大活动等;辅助规划线网并进行评价,满足多元化出行需求,提升公交吸引力。实施整车状态监控,通过整车状态监控和故障全生命周期管理,提高车辆运营的稳定性和安全性;维保管理,实现保养计划自动编制、保养信息自动分析;能耗管理,分析车辆能源消耗,实现能耗定额和考核。强化服务信息发布,通过电子站牌/发布屏等提供实时公交信息;服务监督,实现计划编制、现场稽查、违章登记等全流程线上化;服务评价和考核,包括有责

投诉率、热线回复率等多指标服务水平考核,为乘客提供了更加舒适和便捷的出行体验。

②打造便捷乘车支付平台。沙坪坝区积极推进信息化技术在城乡客运服务中的应用,乘客可以通过"车来了"手机 App(图6-25),在出行前、出行途中及时获得需要的公交信息,合理规划、选择出行线路和出行时间,并通过上下车扫码的方式,使系统后台自动定位途经站点实现扣费。

图 6-25 "车来了"手机 App 界面

③打造智能公交调度平台。建设的智能调度系统通过集成化的企业资源管理平台(ERP)实现对线路和车辆的管理。依托智能调度系统和数字公交平台,对公交车辆、线路和运行过程进行集中监控和管理,实现区域集中调度,即将公交线路按照地理区域划分,通过集中的调度中心进行统一管理和调度。区域集中调度模式不仅提升了公交运营的效率和质量,还优化了人力资源配置,

提高了管理效能,为公交服务带来了显著的提升。小龙坎分公司实施区域集中调度后,调度员从7名减少到6名(含1名顶班人员),站务员从7名减少到6名,人员减少但工作效率提高,日均运行班次优化增加64班次,高峰班次增加5班次,日均人次增加了约4000人次,增幅6%,这表明调度措施更加高效和精准,更好地满足了乘客的出行需求。

(2)道路运输监管监测能力显著增强。

沙坪坝区现有道路运输企业1500余户,其中,危险品运输企业4户、车辆163台,普通货运企业1189户、车辆7549台。长期以来,道路运输市场"多小散弱"的发展格局没有根本性改观,行业安全监管力量薄弱与服务对象数量庞大、安全管理能力普遍低的矛盾始终存在。面对复杂严峻的安全监管形势,沙坪坝区于2023年5月搭建了全区道路运输安全技术平台(图6-26),摆脱传统原始监管模式局限,构建了"行业平台数字监管+企业系统智能指导+第三方服务机构帮扶"三管齐下的"铁三角模式",通过数字赋能,全面提升沙坪坝区道路运输行业安全水平。

①建成全新安全监管体系。按照突出重点、分批推进的工作思路,截至当前,沙坪坝区共计334家道路运输及相关企业已纳入平台监管,涵盖道路客运、危险品运输、普货运输、一二类维修、驾培以及出租车等道路运输相关领域。通过系统平台形成全区运输企业安全生产管理统一标准,建立涵盖企业资质、驾驶员、车辆信息等各类安全管理数字档案,其中,企业档案334份,从业人员档案6517份,营运车辆档案7784份,切实做到"一企一档、一车一档、一人一档"精细化管理,通过信息化手段对企业安全生产管理进行辨识评估和分级管控,对重大风险实施"图斑化"管理,建立健全重大安全风险"一图一表一库",建成了企业管理规范化、档案管理信息化、教育培训网络化、车辆运行网格化、动态监控实时化、风险研判数据化、隐患预警智能化的道路运输安全监管体系。

图 6-26　沙坪坝区道路运输安全技术平台

②落实风险隐患动态监管。自 2024 年平台建成运用以来,通过信息化平台全流程监管企业隐患排查治理情况,平台累计发现并督促整改安全生产事故隐患 20671 个,隐患解除率达 98.85%;获取并提醒整改车辆超速和疲劳驾驶违法行为 21855 条,单车平均违章次数从 0.67 降至 0.49,车辆上线率持续排名全市前列,实现了风险隐患排查治理的数字化、可视化,推动企业落实安全生产主体责任,全面提升沙区道路运输行业安全监管数字化水平和管控落实效率。

③管理落实分级精准管控。全面开展平台数字化结果应用,建立"平台驻场人员指导＋责任田分片督促＋安全领导小组会议每月调度"的工作机制,确保行业安全风险"看得见、抓得了、管得住"。对纳入平台监管的企业安全风险管控情况划定等级,分别用红、橙、黄、蓝、绿显示风险等级,根据不同等级采取线上提醒、下达整改通知书、警示约谈、联合执法检查、抄送违法行为、暂停办理新增业务以及纳入信用考核等手段,督促企业落实安全生产主体责任。

6.4.2　江苏省常熟市

(一) 基本情况

常熟市是由江苏省苏州市代管的县级市,面积1276平方公里,全市常住人口约168万人,2024年地区生产总值约3079.1亿元,城镇化率达74%。常熟市东北濒长江,与南通市隔江相望,东南邻太仓,南接昆山市、苏州市相城区,西连无锡、江阴,西北与张家港市毗邻。"一带一路"建设、长江经济带、长三角一体化、自由贸易试验区等多重机遇均在常熟叠加,常熟市既是连接东西、承接辐射的重要承接点,也是跨江融合、南北联动的关键枢纽,交通区位优势明显。

(二) 做法与成效

(1)客运信息化水平逐步加强。

常熟市智慧公交信息化平台,包含"一个中心,两大平台,四类终端"。一个中心即交通运输应急指挥中心(图6-27),包括调度中心、呼叫中心和数据中心;两大平台即行业运营监管平台和公众出行服务平台;四类终端即视频客流检测终端、公交调度监控终端、场站监控终端和出租车调度终端。目前,该系统已接入公交首末站、站台、车辆、治安、交警视频超4000个。

图 6-27　常熟市交通运输应急指挥中心

　　①公众出行信息服务系统不断完善。依托"常熟行"App 平台（图 6-28）、微信公众号"掌上公交"模块，对公交车辆定位信息、公交站点定位信息等数据有效整合，在"掌上公交"内实时提供公交运营信息，将优化调整的公交线路信息接入平台，实现所有公交线路、班次、到站等信息实时查询，方便市民查询使用，提供智能公交出行服务，实现城乡公交智能信息服务"一张网"。

图 6-28　"常熟行"公众出行服务软件

②客流统计和智能调度系统持续升级。常熟公交运用客流统计分析系统，通过各个发车班次的公交客流信息，实现公交客流数据的采集和系统分析（图6-29），解决线路和班次密度调整优化的数据支撑问题，从而更好地服务于广大市民的出行和更大提升公交的运营效率。

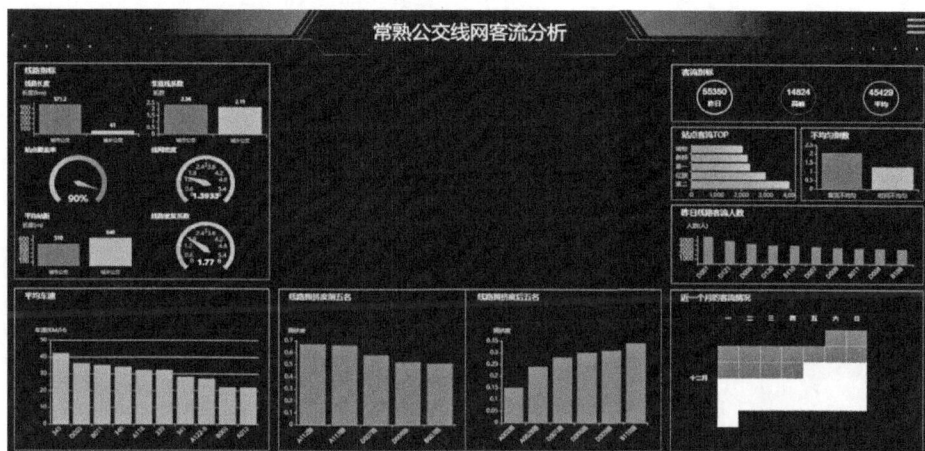

数据模拟-优化时刻表

时间	时间间隔(分)
5:45—7:40	6
7:40—9:10	7
9:10—13:10	8
13:10—15:20	7
15:20—16:40	8
16:40—18:50	9
18:50—20:45	8

综合考虑
➤ 车辆运力(核载)
➤ 服务质量(舒适度)
➤ 驾驶员作息时间

时间	时间间隔(分)
5:45—6:15	10
6:15—10:00	8
10:00—16:30	10
16:30—17:30	8
17:30—18:40	10
18:40—20:45	15

优化班次，高峰发车间隔设定为8分钟，平峰设定为10分钟，低峰设定为15分钟

图6-29 通过客流分析系统研判客流数据并自动排班

③安全监控和应急处置系统建设完备。常熟市全面推进公交车辆安全监控和应急处置系统建设工作，鼓励对在用车辆进行改造，加装驾驶区域安全防护隔离设施、公交车视频监控、一键报警等装置。常熟市所有公交车辆全部安

装实时定位、车内视频监控装置及一键报警系统,有效提升公交车辆的安全防护水平。

④公交"一卡通"全面普及。常熟市持续拓展完善城乡公交"一卡通",不断升级优化公交车载机具,增加"一卡通"服务网点,加大"一卡通"优惠力度,鼓励居民公交出行。全市所有公交车辆全部安装刷卡设备且运行良好,所有公交线路和车辆均可刷公交一卡通(图 6-30);此外,全市已实现了支付宝和微信二维码扫码支付、苏周到等多方式移动支付,以及学生卡、江苏交通一卡通等多种卡片刷卡支付,进一步方便毗邻县(市、区)公众出行,使乘客出行支付更加方便快捷。

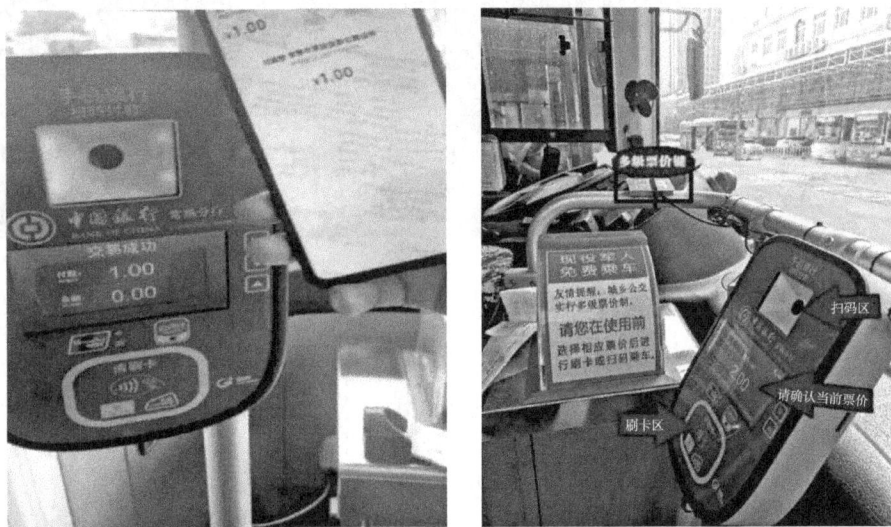

图 6-30 数字人民币在移动支付终端上使用

⑤电子站牌建设有序推进。近年来,常熟市在具备条件的城区主要客流走廊推进公交候车亭智能化提升工程,同时加快电子站牌向客流较大的乡镇延伸的步伐,提升公交候车设施智能化服务水平,不断拓展人性化信息服务内容,满足群众的公交出行需求。截至 2022 年底,全市公交候车亭拥有嵌入式电子站牌 188 个,可实时显示车辆位置情况和预计到站时间,提升公交站台服务面貌和公交出行信息服务品质(图 6-31)。

图 6-31　嵌入式电子站牌

⑥绿色交通平台监测新能源公交能耗数据。常熟交通公有资产经营公司于 2022 年出资投建了绿色交通平台,该平台规划了新能源公交车、新能源出租车、充电桩、光伏四个方面使用量和碳排放的数据展示,"常熟行"用户可通过 App 使用充电桩查找导航、碳排计算器等功能,并预留数据对外输出显示接口和支持扩展扫码充电、优惠支付功能。

(2)货运信息化水平不断提升。

①常客隆商超打造优选微信小程序。江苏新合作常客隆连锁超市基于微信平台打造了优选小程序,以物流中心、冷链中心两大配送中心为依托,以新合作常客隆在常熟市内 200 多家连锁超市为中心向周边社区居民进行辐射,用户在优选小程序上完成下单,即可指定时间和常客隆门店进行线下提货。建立以拼团购物为目的微信社群,通过"小程序分享购物 + 直播带货"的方式,聚集、引

导不同属性和特征的用户进行消费转化,满足了用户对于消费场景和娱乐场景的双重需求。

②建设"运融通"网络货运平台。江苏云企供应链管理有限公司打造的"运融通"网络货运平台,以"物联网＋云计算＋人工智能＋物流＋金融"五个方面融合,通过 PC 端平台、微信小程序、移动 App 等多种形态的产品终端,全程连接货主、短驳驾驶员或拉包工、物流干线,实现多方实时协同,将运输环节中的货主、干线和收货方连接在同一平台,实现了从订单分配到货物运输的全流程实时可视和"端到端"协同与供应链可视化。2022 年,平台累计服务企业 284 家,累计注册驾驶员 21502 人,累计完成运输任务 210954 单,运输金额超过 8 亿元。

③建设危险货物道路运输综合监测监管平台。常熟市危险货物道路运输综合监测监管平台(图 6-32)于 2021 年 9 月正式上线。该平台是在常熟市现有道路运输车辆信息化监管体系的基础上建立的危险货物运输全过程安全管理系统,有效整合了常熟市辖区内、外省市危险货物运营相关车辆的动静态数据信息,为政府部门对危险货物的监管提供有力抓手,提升政府部门的监管能力和监管效率。截至 2023 年 1 月 10 日,平台注册的收发货企业共 103 家,录入的运输企业 420 家、车辆注册 979 台、从业人员 2487 人。

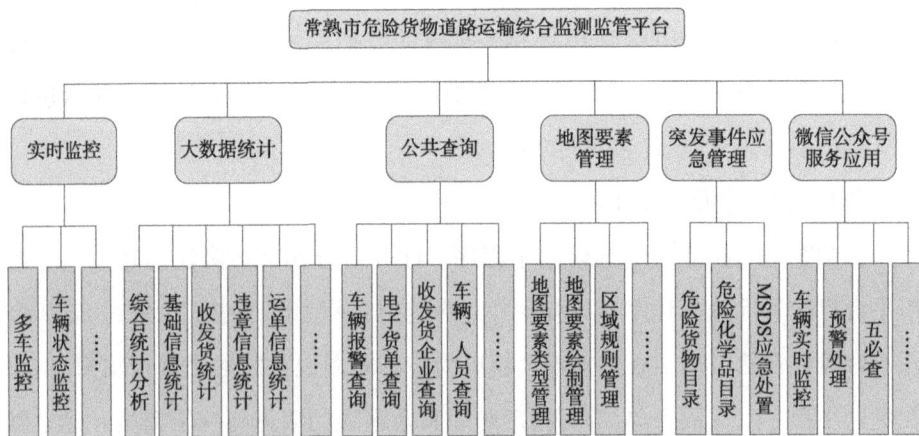

图 6-32　常熟市危险货物道路运输综合监测监管平台

④治超联网管理信息系统。常熟市 2020 年建设一期治超联网管理信息系统,在常熟各主要通道应用动态称重检测系统。治超系统可实现对动态非现场执法点、超限检测站、源头企业、重点桥梁等相关信息的管理与监测预警,实时展示全市治超检测数据,动态监控数据与接口的异常状态,从而实现对货车超限超载的全面监测监管。

6.5　农村物流案例

6.5.1　江苏省沛县

(一)基本情况

沛县是江苏省徐州市辖县,面积 1576 平方公里,全县常住人口约 129 万人,2024 年地区生产总值约 1126.1 亿元,城镇化率达 58.3%。沛县位于江苏省西北部,苏、鲁、豫、皖四省交界处,东靠微山湖,北接山东鱼台县,西邻丰县,南连铜山区,是淮海经济区重要节点城市。沛县交通便利,徐沛快速通道、徐济高速公路贯穿全境,京杭大运河穿境而过,形成“公铁水”多式联运网络。作为全国首批“城乡交通运输一体化示范县”,沛县依托区位优势和产业基础,打造了“县—镇—村”三级农村物流节点体系,有效破解农村物流“最后一公里”难题。

沛县的农业基础较为坚实,主要种植小麦、玉米、大豆等粮食作物以及蔬菜、水果等经济作物。此外,沛县还是江苏省重要的肉牛和奶牛养殖基地,农产品种类丰富。随着农村经济的不断发展,沛县面临着如何提升农村物流服务效率和质量的挑战。尤其是在“最后一公里”物流配送方面,沛县始终致力于通过优化物流基础设施和创新服务模式,解决农民的物流痛点,提升农村物流的整体水平。

(二)做法与成效

(1)构建三级物流节点网络。

沛县通过整合资源和加大基础设施投资,成功构建了县、镇、村三级农村物流节点网络。沛县政府投资 1.2 亿元,建成了县级农村物流中心,整合了邮政、快递、商贸等 12 家企业入驻,日均处理包裹量超过 15 万件。这个县级物流中心不仅具备分拣、仓储、配送等基本功能,还实现了农业产品与生活消费品的高效流通。图 6-33 所示为乡镇自动化分拣设备。乡镇层面,沛县改造了 16 个交通综合服务站,增设了物流仓储和冷链设施,采用"服务点 + 配送点"一体化的服务模式,最大程度上提高了物流服务的覆盖面和效率。此外,沛县在村级依托电商服务点、便利店等建立了 360 个物流服务点,覆盖了全县 100% 的行政村。

通过三级节点体系的建设,沛县有效实现了物流资源的集约化和标准化管理,进一步降低了农村物流的配送成本,大约降低了 30%。这一模式不仅提升了物流配送效率,还帮助农民降低了采购成本,提高了农产品的市场竞争力。

图 6-33　乡镇自动化分拣设备

①构建县级物流集散中心。沛县的物流中心通过整合多个企业和服务资源,实现了农产品、生活消费品和其他货物的高效分拣与配送。此举不仅提高了农产品的流通效率,还带动了本地电商的快速发展。通过集中配送和统一管理,大大减少了物流环节,节省了农民的物流成本。

②乡镇物流服务站改造。16个乡镇综合服务站的改造和增设不仅提供了物流仓储,还增加了冷链配送功能,使得沛县的农村物流系统能够覆盖更多种类的产品,尤其是对鲜活农产品的物流需求提供了有力保障。冷链设施的引入极大改善了农产品的运输质量和时效性,减少了损耗。

③村级物流服务点建设。沛县通过在村级设置物流服务点,利用电商平台和便利店的基础设施,逐步实现了全县范围内的物流全覆盖。村民可以直接在服务点自取快递或进行货物投递,极大地提升了农村物流的便利性,也缩短了配送时间。

(2)创新"交邮商"融合发展模式。

沛县还积极推动交通、邮政和商业等多部门的融合发展,开通了12条"交邮融合"配送专线,充分利用城乡公交车辆代运邮件。每天,沛县的城乡公交车都承担着邮件和快递的运输任务,日均代运快递超过2万件。此举不仅提升了农村物流效率,还有效降低了物流成本。

通过"交邮商"融合发展模式,沛县将城乡公交与快递服务无缝对接,使得物流配送更加高效便捷。此外,沛县还整合了当地的商超资源,开展了"统仓共配"模式,农产品的上行效率提高了40%。这一模式促进了农产品的顺畅流通,使得农民的收入得到了显著增加,年均助农增收超过5000万元。

①公交车辆代运快递。沛县的公交车辆不仅承担了城乡客运任务,还承担了大量的邮件和快递运输。通过这种方式,沛县节省了大量的物流费用,使得快递服务能够覆盖更广泛的农村地区,满足了农村居民的电商购物需求。

②电商与邮政物流协同。"交邮商融合"模式通过电商、邮政和交通物流的

协同合作,有效提升了农村地区农产品的流通速度。电商平台、邮政系统和农村交通资源的结合,不仅降低了农产品的运输成本,还加速了农民商品的市场供给,提升了市场竞争力。

③统仓共配助力农产品流通。通过整合商超资源,沛县开展了"统仓共配"模式,使得农产品从农田到市场的运输更加高效。这种模式减少了仓储成本和运输环节,使得农产品能够以更低的价格进入市场,增加了农民的收入。

(3)推广智慧物流技术应用。

为进一步提高物流效率,沛县开发了"沛县智慧物流云平台",实现了全县物流信息的联网和实时追踪。村级服务点还配备了智能快递柜,村民可以通过手机扫码自助取件,进一步提高了物流服务的便捷性。

2023年,沛县的智慧物流云平台累计处理订单超过200万单,物流时效缩短至24小时内,村民的物流满意度达到了98%。智慧物流云平台的应用极大地提升了物流时效性,尤其是农产品的流通速度得到了显著提高,推动了沛县农村电商的发展。

①智慧物流云平台建设。通过智慧物流云平台的建设,沛县能够对物流全过程进行实时监控,精准调度运输车辆和配送人员。智慧物流云平台的建设提升了物流配送的精确度和效率,使得物流服务不再受制于传统手工操作的局限。

②智能快递柜服务。沛县的村级物流服务点配备了智能快递柜,村民可以通过扫描二维码自取快递。这种自助取件服务,不仅提升了物流的便捷性,还为乡村居民提供了更灵活的取件选择。

③24小时物流时效保障。通过智慧物流技术,沛县实现了24小时内的物流配送,使得农产品能够快速送达消费者手中。智慧物流云平台对物流信息的实时更新和智能调度,不仅缩短了配送时间,还提升了农民对物流服务的满意度。

6.5.2　河南省南阳市

（一）基本情况

南阳市位于河南省西南部，面积2.6万平方公里，常住人口约1000万，2024年地区生产总值为4879.08亿元，城镇化率56.5%。南阳市是农业大市，尤其是种植业和畜牧业发达，拥有丰富的农产品资源。作为豫南的经济和交通中心，南阳市以小麦、玉米、大豆为主要粮食作物，同时还盛产苹果、葡萄、蔬菜等经济作物。南阳市的畜牧业发展也较为突出，尤其是养殖业，牛、羊、猪等肉类生产占有重要地位。近年来，随着电子商务的快速发展，南阳市逐步将农业生产与现代物流、数字化平台相结合，推动了农业生产和农产品销售的智能化转型。

（二）做法与成效

（1）农村电商物流网络建设。

南阳市通过建设一个覆盖全市的农村电商物流配送体系，解决了农产品配送难的问题。全市主要乡镇设立了电商配送中心，并配备了专业运输车辆，建立了从市区到乡镇、村级的配送站点。每个站点设有仓储、分拣等设施，确保农产品能够高效上行。图6-34所示为快递分拣线。这一配送体系不仅解决了"配送难"的问题，还提高了农产品的上行物流效率，促进了农民通过电商平台销售农产品的同时，大大降低了物流成本。这一网络体系的建设让南阳市的电商平台与传统农业深度结合，使得农民能够更加便捷地将产品推向市场，尤其是促进了农产品的外销。

①提升物流运输能力。南阳市通过全市乡镇的物流中心建设，提升了配送的能力，减少了中转环节，直接连接生产基地和消费市场。通过高效的物流运

作,南阳市将农业生产和消费需求进行了高效对接,降低了农产品流通中的中间环节成本。

图 6-34　自动化快递分拣线

②增加物流覆盖区域。在乡镇及村级配送站点的布设,使得农村的物流配送更加灵活,覆盖的区域从大城市到偏远村庄无一遗漏。南阳市充分利用农村的电商服务点,使得所有的村镇都能通过本地物流点将商品配送到最终消费者手中。

③农村电商市场的拓展。随着农村电商配送体系的建设,南阳市不仅完善了本地农产品销售市场,还进一步拓展了外销市场。图 6-35 所示为南阳电商孵化园。特别是水果、蔬菜等农产品,通过电商渠道,成功打入了外省市场,部分特色农产品也在国际市场上得到了销售。

(2)优化供应链管理。

南阳市与多个国内知名电商平台进行了深度合作,建设了一个集中的仓储和物流配送系统。农民通过电商平台不仅可以在线购买所需的生产资料和设备,还可以便捷地将农产品通过平台销售到更广泛的市场。这一系统采用了集中仓储和分区配送的方式,不仅提高了物流效率,还优化了供应链的管理。通过大数据和物流智能化管理,农民能够实时跟踪自己的产品配送状态,减少了因信息滞后而造成的物流误差。

图6-35 南阳电商孵化园

①集中仓储模式的引入。为了提高物流配送效率,南阳市采用了集中仓储的模式,通过集中储存、分批配送的方式,降低了仓储和配送过程中的成本。同时,这种模式还有效避免了库存积压,确保了农产品的供应链畅通无阻。

②精准配送。基于电商平台的系统化管理,南阳市的农产品配送可以做到精准调度。系统根据订单情况,计算最佳配送路线和运输方式,确保产品以最快的速度送达消费者手中。

③供应链透明化管理。南阳市通过与电商平台的合作,优化了供应链系统的管理,使得农民、消费者和电商平台都能实时获取产品的流通状态。供应链的透明化管理为农民提供了更多的市场信息,也为消费者提供了更加安全、可靠的农产品。

（3）助力农产品品牌化。

依托完善的物流体系和电商平台，南阳市积极推动地方特色农产品的品牌化，尤其是"南阳黄花菜"的品牌建设。通过电商平台的推广，"南阳黄花菜"不仅在国内市场获得了广泛认同，还成功销售至海外。为了提升品牌价值，南阳市通过电商平台的运营数据和消费者反馈，不断优化产品的质量和服务，使得南阳的农产品逐渐走向更广泛的市场。

①农产品品牌化。南阳市借助电商平台打造农产品的品牌形象，通过统一包装和高标准的产品质量，增强农产品的市场竞争力。"南阳黄花菜"作为地方特色产品，在品牌建设的同时，推动了区域经济发展。

②电商平台助力农产品市场拓展。通过电商平台的全球营销，南阳市的地方特色农产品能够迅速打开国内外市场，尤其是在东南亚和欧美市场取得了良好的销售成绩。这不仅提升了农产品的市场知名度，还提高了农民的收入。

③农民收入增加。随着品牌化推广和电商平台的运作，南阳市农民不仅能够在本地市场销售产品，还能借助互联网平台销售到更远的地方。通过这一系列的措施，南阳市大大提高了农民的收入水平，并且提升了农民对农业现代化的认知。

CHAPTER 7　第 7 章

新时代城乡交通运输
一体化发展策略

"十四五"期以来,我国脱贫攻坚目标任务如期完成后,"三农"工作重心历史性转移到全面推进乡村振兴的新阶段。面向乡村振兴,城乡交通运输发展的方向和重点也迎来了重大转变,城乡交通运输发展将由侧重普惠向普惠与效率统筹兼顾转变,由注重规模速度向高质量发展转变,由满足基本出行向提供均等、优质服务转变,由行业独立发展向多元融合发展转变。新时代城乡交通运输一体化发展要以满足人民日益增长的美好生活需要为根本目的,准确把握城乡交通运输一体化向纵深推进面临的新发展形势,以提升城乡交通运输基础设施均等化水平、推动农村客运和农村物流高质量发展、深化"交通 +"融合发展、推进农村运输服务信息化建设为抓手,更好满足农村地区群众日益增长的美好生活需要,加快建设交通强国,为全面推进乡村振兴、支撑实现共同富裕提供有力支撑。

7.1 发展原则

城乡交通运输一体化发展原则包括以下几个方面。

(1)政府引导,市场运作。

城乡交通运输一体化发展应注重农村运输服务社会公益属性,发挥政府引导作用,推动落实地方政府主体责任,建立健全政府引导、行业指导、部门联动的工作机制,强化政策扶持和保障。充分调动市场主体的积极性,鼓励社会参与,激发市场活力。

(2)服务民生,普惠均等。

城乡交通运输一体化发展应聚焦农村基础设施和运输服务基本需求和发展不平衡不充分问题,加快推进城乡交通基础设施覆盖的广度和深度,推进城乡运输服务均等化,全面满足城乡交通运输公共服务需求,切实增强人民群众获得感、幸福感、安全感。

(3)因地制宜,融合发展。

城乡交通运输一体化发展,各地区需要结合本地经济发展水平、人口分布和产业发展特点,探索创新适合本地区的城乡交通运输一体化发展模式,推动农村客运、货运物流、邮政快递一体化发展以及城乡运输服务与旅游、电商等相关产业融合发展。

(4)智能创新,安全绿色。

城乡交通运输一体化发展应依托信息化和智能化手段,提升城乡交通运输服务品质,鼓励城乡交通运输在体制机制、组织模式、站点设施、信息系统等重点领域和关键环节探索创新。坚持"安全第一",切实保障城乡运输服务本质安全,提升城乡交通运输集约化、绿色化发展水平。

7.2 发 展 策 略

7.2.1 推动城乡客运创新发展

(1)大力发展定制客运,满足差异化、品质化出行需求。

相比轨道交通等运输方式,公路出行具有机动灵活、可以实现"门到门",但传统城乡道路客运班线往往是按照固定的线路、时间、站点运行。随着城乡人民生活水平的显著提高,人们交通出行方式更加多样性、灵活化,城乡出行需求也变得越来越个性化,特别是来自网约车、私家车、拼车等多种出行方式的市场挤压,使传统城乡客运市场受到前所未有的冲击。城乡客运发展需要加快打破传统客运"人归点"的组织模式,鼓励和规范发展定制客运。鼓励典型企业打造具备区域影响力的道路客运定制服务品牌,完善旅游客运等定制化、个性化、多元化客运服务供给模式,满足人民群众差异化、品质化的出行需求。

①丰富城乡客运定制化服务场景。精确细分城乡客运目标客户市场,精准设计模式丰富多样的客运服务产品,提供灵活、快速、便捷、舒适的品质化城乡客运服务。完善城乡旅游定制客运服务,开通城乡定线旅游客运,满足游客直达景区景点需要。鼓励城乡定制客运经营者与景区景点、旅行社、酒店等合作,提供"车票+门票""车票+酒店"等一体化、全链条服务。鼓励城乡定制客运经营者积极对接城乡产业园区、镇村集市、乡镇医院等城乡客流集散地需求,开通通勤、购物、就医等定制客运专线,满足城乡不同群体多样化出行需求。探索农村地区定制客运与传统班线客运相结合的运营模式,满足农村群众日常和农忙、赶集等特殊时段集中出行需求。定制客运应加强客流运行监测,及时优化城乡定制客运服务场景,优化运营模式、运力配置,打造更加贴合旅客出行需求的定制客运服务产品。

②科学优化定制客运运力结构。定制客运经营者应根据线路客流量、接送模式、服务场景等,优化调整客车类型、等级、数量,灵活调配车型大小适合、等级适配的营运客车投入运营,满足定制客运灵活、快速的运营需求。对于人流较小的定制客运,鼓励推动营运车辆小型化。

③构建"一站多点"的站点布局体系。根据旅客出行需要,在定制客运线路起讫地、中途停靠地所在县城、乡镇灵活设置停靠点,构建"一站多点"的站点布局体系,扩大客运站点服务覆盖面,形成分布广泛、换乘方便、层次清晰的汽车客运站体系,以便旅客就近上下车。

(2)加强城乡客运与高速铁路、民用航空衔接,提升综合交通枢纽接驳服务水平。

近年来,城乡客运正由"汽车站"至"汽车站"向"综合交通枢纽"至"乡村"转变,综合交通枢纽接驳换乘逐步成为城乡客运的重要场景。2013年以来,综合运输体系不断完善,铁路、民航加速成网,综合运输市场结构发生了深刻变化。2013—2024 年,铁路营业里程从 10.3 万公里增加至 16.2 万公里,增长 57.3%;高速铁路营业里程从 1.1 万公里增加至 4.8 万公里,增长超过 336.4%;民航机场从 193 个增加至 263 个、航线从 2876 条增加至 5334 条,航线里程从 410.6 万公里增加至 958.6 万公里,分别增长 36.3%、85.5% 和 133.5%。大部分长距离和部分中距离城乡出行转向倒短至附近高铁站、民航机场,这种转变是基于运输装备技术发展进步而出现的运输方式结构性调整,是由不同交通运输方式的技术经济特征所决定的,是不可逆的趋势性改变。因此,应充分发挥好城乡客运与高速铁路、民航的"护航""伴生"作用,发展城乡"公铁联运""空巴通"等联程运输,积极开辟机场至周边区县的机场专线、铁路枢纽至周边县乡村的客运专线,有效衔接铁路、民航等运输方式,提高人民群众的一体化出行服务水平。

全面提升新时代综合交通枢纽接驳场景服务水平要注意以下两点:一是要注重城乡客运场站与综合交通枢纽的衔接,城乡汽车客运站要紧密结合高铁、民航枢纽布局,完善综合交通枢纽接驳换乘服务功能,为旅客提供一体化的客运服务;二是要精准匹配高速铁路、民航时刻表,避免乘客换乘等待时间过长,或晚班列车、航班没有接驳的城乡客运。

(3)提升舒适性、便捷性,增强城乡客运吸引力。

鼓励城乡客运经营者完善网络平台服务功能,拓展车辆实时定位、线上服务评价等功能,开发简洁易操作的适老化购票页面,提供"客服在线代下单""专线电话叫车"等服务,为老年人等购票乘车提供便利。深入推进电子客票应用,发展全程数字化、智能化服务模式,努力实现"一键出行",推动服务水平和运营效率全面提升。推动售取票、检票、安检、换乘等服务"一码(证)通行",打造智慧车站,提升客运场站信息化、智能化及安全运营管理水平。规范运营服务流程,公开服务内容、服务价格和服务标准,畅通服务投诉和评价渠道,不断改善服务体验。

7.2.2 推动城乡交通运输多元融合发展

(1)推动城乡交通运输与旅游产业链的服务融合。

加强城乡交通运输与旅游资源的有机衔接,拓展"运游融合"服务产品,完善通达景区景点的道路旅游客运线路,鼓励发展旅游直通车,拓展完善乡村旅游客运线路,实现以游促运、以运促游。

(2)推动农村特色产业与城乡运输深度合作。

结合当地特色产业,构建城乡运输服务网络,围绕生产、加工、包装、运输、销售等环节,推动农村特色产业与交通物流或客运资源深度合作,探索货运班线、旅游班线等融合发展模式,优化乡村产业从生产到消费的仓储、中转流程,显著降低城乡物流成本,助力农村产业扩大市场。加强农业生产大户、农产品电商与交通运输企业信息对接,提供订单直达、库存管理等服务,提高运输和投递效率。

(3)推动农村客货邮融合发展。

"建设'一点多能'的农村客货邮融合发展站点",引导县域内客运、邮政、快递企业共享场站资源和设施,降低土地资源和设施设备投入成本。通过适配车型加强客货邮运力整合,推动线路优化,节约专车运营成本。加强信息互联互通,引导农村客运、货运物流、邮政和快递企业加强数据共享。

(4)推动汽车客运站多元化经营。

优化调整等级汽车客运站的空间布局和功能区设置,拓展旅游集散、快递物流、汽车后服务、商业服务等功能,鼓励汽车客运站配建旅游集散中心,拓展信息咨询、集散换乘、旅游交易等功能,推动以商养站、盘活资源。

7.2.3 推动城乡交通运输从"信息化"向"智能化"转变

目前,大部分县(市、区)信息化系统功能主要是监控、数据上报等数据获取,缺乏对海量数据的深度分析,也缺乏车辆精准调度、智能化管理等功能,没有充分发挥信息化手段有效降低客运和物流成本。需要研究如何向信息数据要"效益",充分挖掘利用其在提升企业市场竞争力方面的潜力,实现对供需市场的精准分析和匹配,推动"信息化"向"智能化"发展。

(1)构建智能调度系统,实现运力精准匹配和线路优化。

针对农村地区出行分散、智能调度缺乏的情况,可考虑推动政府主导、企业运营、省市县共同构建出行智能服务和调度平台,整合农村客运预约响应和区域经营服务、预约包车客运服务、学生定制班车服务、班车/公交车服务资源和需求,加强车站和重要场所人流监控,通过智能分析及时精准匹配运力资源,优化运营线路。在有高铁站和航空机场的县域,可积极推进与农村客运之间跨运输方式的旅客联程运输发展,精准对接运力、班次。拓展出行信息查询、出行信息推送服务和汽车租赁等功能,畅通投诉渠道,提供一站式农村出行服务。

(2)扩大联网售票的广度和深度,发挥资源聚集效益。

扩大全国客运站联网售票覆盖范围,在联网售票覆盖二级以上客运站基础上,逐步将城乡定制客运、城乡班线纳入全国联网售票系统。建立高效推广机制,通过与高德、百度、阿里支付宝、腾讯微信、邮政、银行等的密切合作,发挥资源聚集效益、合作共赢,增加全国联网售票系统"流量",为平台入驻企业提供更多的客源,也为旅客出行提供统一的、全方位、创新化的优质服务。

(3)推动城乡物流高效统仓共配,降低城乡物流成本。

农村物流无论是工业品下行还是农产品上行都存在需求分散的特点,特别是服务农民致富增收的部分时令果蔬运输具有易损耗、易腐烂等特点,时效性要求高。有数据表明,我国水果、蔬菜在采摘、运输、仓储等环节上的损失率在25%～30%,而发达国家的果蔬损失率普遍控制在5%以下,美国果蔬在物流环节的损耗率仅为1%～2%。农业运输产品种类多样且组织复杂,农村物流涉及农产品、农资和农户日常生活用品等产品,种类繁多,本身具有天然属性,不像工业品那样容易量化标准,因此农村物流的组织效率提升比城市物流更为迫切。整合农村物流资源,发展统仓共配,运用信息化、智能化手段搭建高效组织的物流体系。统仓共配的核心是信息共享和智能匹配,要从运营理念和模式上做转变,以高效率的周转为目标,解决商品在时间上分布不均衡带来的浪费,共享物流以降低运输成本,以高效的点对点配送服务形成较好的用户体验(隔天达、当日达、小时达)。合理配置和优化商贸,快递,交通等物流资源,统一建设仓储物流配送中心,通过搭载电商快递促进消费,推进智慧物流的发展。在基础设施建设上,除了传统的路面基础设施外,还可以探索农村物流新基建如智运快线等模式应用,在共配系统上,多家物流企业数据都可以得到高效集合,多终端数据全方位展示,根据用户需求来提供高效的成熟方案。在县城积极推广辐射县域的邮政快递统仓共配系统,发展智能分拣统仓共配系统,切实降低城乡物流成本,提高运营效益。

7.2.4 推动城乡交通运输集约化、品牌化发展

(1)推进经营主体资源整合,形成品牌效应。

鼓励企业间按照现代企业制度进行改造重组,推进城乡交通运输经营主体和客运资源整合,完成承包经营、挂靠经营等的公司化改造,鼓励城乡客运推广"一县一公司"等集约化、规模化城乡客运发展模式,提高城乡客运组织化程度和抗风险能力,形成城乡客运一体化运营管理标准。鼓励私人挂靠车主提前终止经营,通过置换出租车、政府售卖、参股入股继续经营等方式退出城乡客运经营市场。鼓励对城乡客运服务采用政府购买公共服务的办法,或国资对城市和城乡客运运营主体实行政府整体收购,进行国有化改造,实行公司化经营。

(2)加强城乡交通运输市场管理,完善准入、退出机制。

为提高城乡交通运输企业运营质量和经营效率,促进投资者的理性投资,应加快完善公交市场准入和退出机制。加强对市场管理,城乡客运企业应具备

较雄厚的企业资本,可以承担起公共交通较长回报周期的正常运作;有能力提供公交发展所需的先进设备及配套的技术人员和设施;车辆数量、配置、维修等满足政策的要求等。为保证政府的政策实施和企业之间利益协调的可能性,保证城乡客运企业实现规模效益,在充分考虑市场容量的基础上,限制企业的进入数量,以供给略大于需求的原则确定进入企业数量和规模。

7.2.5　推进城乡交通运输差异化发展

不同地区经济结构、人口分布和产业发展特点不同,农村群众出行、货运物流、邮政快递等运输需求可能存在很大差异,并非所有地区都适宜同一种城乡交通运输一体化发展形式,应坚持一县一策、分类推进城乡交通运输一体化发展。

对于经济较发达、人口稠密县(市),客运车辆难以满足其代运空间需求,建议整合各类货运物流资源,统筹布设配送路线,推广时间固定、线路固定、站点固定的"货运班线"模式。加快发展现代物流、冷链物流等专业化物流。推广全域公交,享受城市公交同等政策红利。

对于经济不发达、人口稀少县(市),往往农村物流快递"最后一公里"未有效打通,而且物流快递业务量较小、使用专车运送成本较高,而且客运人数大部分时间并不多,具备富余装载空间的条件,鼓励大力推广农村客运车辆代运邮件快件的形式。重点是打通城乡物流快递"最后一公里",保障基本公共服务。防止通返不通,在财政可承担的条件下,在局部客流量大的路线加密班次,重点是农村客运兜底线保障,可考虑用城乡公交、定线班车、区域经营或预约响应等多种客运组织模式,用适度票价,维持住基本的公共服务水平。

对于经济发展水平、人口密度中等县(市),在部分物流快递业务量较小路线推广客车带货,部分快递业务量较大路线发展邮快、快快融合。农村物流方面要缩短配送时间、优化配送网络。在局部客流量大的路线推动发展客运班线公交化改造,审慎推进全域公交发展,避免对财政补贴或企业经营造成较大的压力。

7.2.6 优化补助政策和票价制定

(1)优化补助政策,激发城乡交通运输市场活力。

①向西部地区倾斜。继续加强西部地区农村公路建设和农村客运、货运网络完善支持力度,重点提高西部地区城乡交通运输基本公共服务水平。

②向"冷线"适度倾斜。向客流较少、经营效益较差的农村地区倾斜,加强"冷线"补贴保障,鼓励企业热线、冷线互动发展,确保冷线"开得通、留得住",切实保障人民群众获得感。

③向综合类场站建设适度倾斜。加大对兼顾城乡客运、邮政快递、旅游集散等综合运输服务功能场站的补助力度,统筹农村各种交通运输服务资源,引导构建"一点多能、一网多用、功能集约、便利高效"的农村运输发展新模式。

④向中小型车辆倾斜。客运车辆购买或更新等补助政策向小型化道路客运车辆倾斜,引导各地积极应用小型车辆,提供更多灵活、快速且小批量的道路客运定制服务,有效激发道路客运市场活力。

⑤统筹补助增量建设和存量改造。由传统的补助场站建设向统筹补助增量建设和存量运营转变,支持城乡客货运站场开展智能化升级改造、配建旅游集散中心等,加快推动城乡场站综合开发和转型升级。

⑥统筹利用好农村客运油价补助资金。构建与农村客运发展绩效相挂钩的农村客运油价补贴机制,通过对各地农村客运通达情况、运行效率、安全运营、政府主体责任落实等进行评价,对农村客运油补资金进行分配,更好地督促各地落实农村客运发展主体责任,促进农村客运高质量发展。

(2)优化城乡客运票价制定。

①体现农村客运票价"兜底性"服务。在充分考虑当地经济发展水平、企业

运营成本和农村群众承受能力的基础上,建立群众可接受、财政可负担、运营可持续的农村客运票价体系,体现农村公共交通的社会公益性,增强"兜底性"服务。针对老年人等特殊人群制定适应票价政策。定价机关制定或者调整价格,应广泛听取社会各方面意见。

②加强价格监测。在优化城乡客运票价制定的同时,应注重加强春运、节假日等重点时段价格监测,及时提出调控建议,保持价格水平处于合理区间。

CHAPTER 8 第 8 章

专题一:我国农村客运发展

当前,农村客运市场竞争激烈,正处于市场转型、体制转轨、管理全面提升的关键时期,虽然总体上可以满足农村客运需求,各地在提升农村客运服务能力方面也进行了模式创新,但满足的层次不高,行业正处于粗放式、低效率向集约化、高效率的发展阶段转换,整体上还不能很好地适应经济社会发展以及人们生活水平不断提高的要求。进入城乡融合发展和农业农村向现代化迈进的新阶段,农村客运应朝着供给能力更强、组织结构更优、服务质量更好、市场环境更良、应急保障更快、科技应用更广的方向发展,客运服务质量不断提升,为农村经济社会发展提供更安全、更高效、更便捷、更可靠、更绿色的客运服务。

8.1 我国农村客运发展基础

8.1.1 "兜底性"保障能力持续增强,均等化水平不断提升

(1)"兜底性"保障能力持续增强。

建制村通客车是保障广大农民群众"行有所乘"的民生服务,是交通运输服务质量提升效果的重要体现,对改善农民群众生活条件、提升人民群众获得感、促进乡村振兴具有重要意义。近年来,各地根据出行需求、通行条件、财政保障等因素,不断完善农村客运服务网络,农村客运网络的广度和深度得到巩固拓展、持续提升。截至 2023 年底,全国乡镇和建制村通客车率分别达 99.8%、99.7%,具备条件的乡镇和建制村通客车率均达 100%。

(2)均等化、普惠化水平不断提升。

在交通运输部指导下,一些地区逐步推动城市公交线路向乡村延伸和农村

客运班线公交化改造,个别地区已实现全域公交,农村客运逐步从"通得了"向"通得好"转变。截至 2023 年底,全国通公交(含公交化改造)的乡镇和建制村比例分别达 43.9% 和 50.6%,分别较 2020 年提高 10.6 和 11.3 个百分点。另外,部分地方政府通过财政资金补足,降低城乡公交票价,为乘客提供便利、实惠的出行服务。例如,浙江省宁海县实现了"村村通"公交,公交刷卡优惠全覆盖,城乡公交最高票价不超过 4 元/人,15 公里以内不超过 2 元/人,10 公里以内为 1 元/人,不断降低客运票价,降低农村居民出行成本,推动提升农村公共交通服务均等化。

8.1.2　服务模式不断创新,农村客运与旅游融合发展

(1)农村客运服务模式不断创新。

近年来,为了最大程度满足广大农民群体性、潮汐性、节令性出行需求,在国家和各地政策的支持下,农村客运市场也在不断改革创新,涌现出了定制班线、预约响应等多种客运组织模式,一些地区在重点时段开通学生班、赶集班等特色服务。截至 2023 年底,全国定制客运经营业户达 1438 户,开通定制客运线路 6531 条、投入客运车辆 3.01 万辆,全年完成客运量达 1.01 亿人次,进一步满足旅客"门到门""点到点"的出行需求。各地开通"赶集班、春耕班"等 5000 余条季节性客运班线,减少了农村群众"潮汐性""节令性"出行安全隐患。

(2)农村客运与旅游融合发展。

近年来,旅游市场呈现客源市场和目的地"双下沉"的趋势,城乡出游人数和旅游市场较快增长。部分乡村旅游热点地区道路客运经营者与旅行社、旅游景区、旅游度假区、旅游休闲街区、酒店等联合推出了"车票 + 门票""车票 + 门票 + 酒店"等一站式运游融合服务产品,开设了特色旅游专线、主题型专线、短途观光线路等,并提供随车讲解等配套服务,提升游客体验。

8.1.3 信息化服务便利农村出行,经营效率和安全水平显著提升

(1)信息化服务便利农村出行。

在交通运输部指导下,各地市积极推进信息化技术在城乡客运服务中的应用。截至2024年10月,全国实名制管理的二级以上汽车客运站、定制客运线路电子客票覆盖率达99%以上。大部分县(市)城乡公交均支持刷卡、支付宝等支付。河北省邯郸市万合客运集团依托信息化技术,自主研发了网络信息服务平台"万合出行"App,提供在线购票、定制约车、线路查询、公交实时查询等功能,为旅客出行查询信息、购票提供极大便利。

(2)信息化管理提升农村客运经营效率和安全水平。

农村道路客运经营者积极应用信息化系统,提高调度管理、运行监控、信息发布、统计分析与决策支持等工作效率。农村公交车辆实现了视频监控和卫星定位,农村客运车辆动态监控设备安装使用率达到100%,可以全面掌握农村客运运行管理、安全监测、建制村通客车情况。湖南省65个城乡客运一体化示范创建县的6400余台农村客运车辆已全部接入湖南省"两客一危"车辆智能监管平台,通过卫星技术,能精准识别驾驶员疲劳驾驶、玩手机、吸烟等17种不安全驾驶行为,并通过监管系统及时报警督促,实现闭环管理。

8.1.4 顶层设计指导逐步加强,品牌示范引领效应日益彰显

(1)顶层设计指导逐步加强。

近年来,国务院、中央财办、交通运输部先后出台了《关于推动农村客运高质量发展的指导意见》《关于加快推进农村客货邮融合发展的指导意见》《农村道路客运运营服务指南(试行)》,对农村客运发展模式、运营管理体系、发展环境及机制进行了顶层设计和指导。

（2）品牌示范引领效应日益彰显。

交通运输部联合有关部门深化示范创建，累计命名 102 个"城乡交通运输一体化"全国示范县、545 个"四好农村路"全国示范县，为农村客运发展营造良好氛围。农村客运高质量发展是示范县创建的重要内容，通过开展示范创建，充分调动了各地积极性，通过总结示范地区可借鉴、可推广的经验，以及现场会、经验交流、培训讲座、专题宣传等多种形式，推广示范创建的经验，以点带面，全面提升了农村客运发展水平。

（3）扶持政策加快完善。

财政部、交通运输部《关于调整农村客运、出租车油价补贴政策的通知》明确费改税补贴部分继续直接发放给农村客运经营者和出租车驾驶员。交通运输部《关于加快构建发展长效机制切实保障农村客运稳定运行的通知》要求各地交通运输主管部门建立政府购买服务或运营补贴制度，保障农村客运可持续稳定发展。各地也陆续出台了农村客运的相关奖补支持政策，这些扶持政策反映了各级政府对农村客运发展的重视，为农村客运发展提供了保障。

8.2　我国农村客运发展瓶颈

8.2.1　部分地区农村客运仍存在"通"而不"畅"、"有"而不"优"

我国幅员辽阔，地形复杂，东、中、西部发展差异较大，部分地区农村客运站点还存在设施建设简陋、场站功能单一、利用效率不高、信息化水平较低等问题。在满足基本出行的基础上，进一步满足农村地区群众多层次、个性化的出行需求的能力不足，农村适老化服务水平有待提升，部分农村地区在农民工返乡返岗等重点时段的群众出行服务保障能力仍显不足。非法营运、货车载人等违法行为时有发生，农村群众出行还存在安全隐患等。

8.2.2 经营主体可持续发展能力有待加强

农村地区"空心化"现象日趋严重，通村客车空置率高，农村客运"开得通、留不住、效益差"的经营压力普遍存在。以陕西省石泉县高坎村为例，19 座农村客运车辆单车单日 2 趟次运输成本(含人工成本)约为 280 元，单日收入仅为 80 元，日均亏损高达 200 元。农村客运经营主体普遍"散、弱、小"，经营业务总体较为单一，与其他产业的融合发展程度不高，自我造血能力和抗风险能力较弱。另外，农村客运发展长效机制尚不健全，相比城市公交，一些地方财政对农村客运公交化运营的补贴不到位。目前，在地方财政收入增长乏力，财政收支趋紧，农村客运可持续稳定发展面临挑战。

8.2.3 农村客运与农村物流快递、旅游融合发展有待加强

目前，大部分农村地区客运、物流、邮政相对独立发展，缺乏统筹规划。农村客运在节点、运力整合上还未实现集约化运营，场站功能有待进一步整合优化，许多客运场站由于设施简陋、功能单一、利用率不高而被闲置，未有效能实现与物流、快递的共享共用。农村旅游的蓬勃发展，也要求农村客运加强与旅游行业等的进一步融合发展。另外，农村客运与其他运输方式衔接不畅，民航、高速铁路等干线交通至农村地区的班线、公交相对不足，服务水平不高，运营管理体系割裂，旅客换乘体验不佳。

8.2.4 尚未充分发挥信息化在农村客运中的营运效益

随着大数据、物联网、人工智能和区块链等技术在数字乡村建设中的推广应用，信息化、智能化在推动农村客运发展的作用也显得尤为重要，也是提高农村客运服务质量和效率的重要支撑。目前，很多县(市)建立了农村客运等相关信息化系统，但大部分县(市)信息化系统功能主要是监控、数据上报等数据获

取,缺乏对海量数据的深度分析进而实现线路优化、车辆精准调度、智能化管理等功能,没有充分发挥信息化手段有效降低客运营运成本、提高营运效益,智慧赋能农村客运发展所带来的效益并未体现出来,信息化在提升企业市场竞争力方面的潜力有待挖掘。

8.3　我国农村客运组织模式

8.3.1　公交化运营模式

公交化运营模式是指农村班车客运经营者使用客运车辆运送旅客,通过加密发车班次、设置固定停靠站点、执行优惠票价等方式,实现高密度、小间隔、站站停运营的农村道路客运服务形式。此模式在城镇化程度较高、人口密集的农村地区尤为适用,能够提升运输效率和服务的覆盖范围。具体做法包括:加密班次、增加站点、统一票价等措施,通过高频次、站站停的方式提升乘客的出行便捷性。如浙江省嘉兴市的全域公交一体化改革即为此模式的成功实践,通过实施"2元一票制"统一票价,减少了城乡间交通的差异化水平,大幅提升了客运的准点率和日均客流量。

此模式也有一定局限性,如在一些人口稀疏、交通需求不均的区域,常规的公交化运营面临较高的成本和资源浪费。在农村"空心化"程度较高的地区,客运车辆的空驶率较高,运营效益不显著,因此,并不能简单地将城市的公交模式复制到农村。在设计公交化运营模式时,需要考虑到农村地区的具体情况,如人口密度、交通需求等因素,采用灵活的调整策略,如采取小型化、灵活化的客运车辆,或者在某些偏远区域采用小范围定点接送等措施,以提升运营效益。

● 专栏 8-1　浙江嘉兴：全域公交一体化改革

　　嘉兴市于 2021 年启动全域公交改革，打破城乡二元分割体制，将原城乡客运班线全部纳入公交体系管理。改革后实行"五统一"标准（统一车型、统一票价、统一调度、统一服务、统一补贴），投入新能源公交车 800 辆，全域执行"2 元一票制"，较原农村客运均价下降 60%。同步建设智能公交系统，在乡镇布设电子站牌 236 个，开发"嘉行通"App 实现实时查询、扫码支付及换乘规划。财政每年投入 1.2 亿元补贴运营。其中，70% 用于弥补低票价差额，30% 支持车辆更新与场站建设。改革三年间，日均客流量从 12 万人次增至 16.2 万人次，城乡公交准点率从 78% 提升至 98%，带动沿线乡村旅游收入年均增长 9%。

来源：嘉兴市公路与运输管理中心

8.3.2　定制客运模式

　　定制客运是指已经取得道路客运班线经营许可的经营者依托电子商务平台发布道路客运班线起讫地等信息、开展线上售票，按照旅客需求灵活确定发车时间、上下旅客地点并提供运输服务的班车客运运营方式。传统的定时班线服务往往难以覆盖农村群众出行差异化需求，且运营成本较高。为了提升资源使用效率，班车客运定制服务通过集成需求采集、智能派单与动态调度系统，根据实时需求灵活调整运力，从而提供更精准、个性化的出行服务。

　　如四川省乡村运输"金通工程"通过智能调度小型客车，成功为农民提供了灵活的、按需定制的交通服务。此模式大大提高了车辆的使用率，减少了空驶情况，并扩展了服务的覆盖范围。尤其是在农业生产周期和节假日等需求波动较大的时段,定制客运服务能够更好地应对高峰期与低谷期的变化,为用户提供更为精准的服务。

此模式的优化路径可以从提升技术手段入手,如通过移动端 App、语音助手、二维码等多渠道预约方式,提供便捷的用户体验。同时,还可以根据地方的特点提供更加灵活的交通解决方案,如使用混合车型(例如结合小型公交车服务)以及根据实际道路条件设计不同的出行路线。

> ● **专栏 8-2 四川省:乡村运输"金通工程"**
>
> 四川省因地制宜强化城乡客运差异化服务,打造乡村运输"金通工程"品牌,在人口密度相对较低的丘陵地区推行"城乡公交＋客运班线"运输服务模式,在地广人稀的盆地和高原地区组织"客运班线＋片区化经营＋定制客运"运输服务模式,金通车辆达 2.7 万辆、线路 8588 条,形成覆盖 2910 个乡镇、2.9 万个村的通乡达村运输体系,有效满足全省 3400多万农村群众差异化出行需求。
>
> 来源:四川省《交通强国建设试点任务验收申请报告》

8.3.3 "运游融合"模式

"运游融合"是将运输服务与旅游产业结合,通过打造运输与旅游融合线路来满足游客的出行需求。此模式不仅能促进农村客运服务的多元化发展,还能带动当地旅游业和经济的发展。在有丰富旅游资源的农村地区,客运与旅游融合发展模式能够增强地方的吸引力,并推动经济的全方位发展。

云南省大理市通过整合农村客运与景区旅游资源,推出"洱海环线旅游巴士"等多条文化体验专线,结合"车票＋门票"联票服务,提高了游客吸引力。此模式不仅促进了旅游业发展,还通过销售地方特色农产品和手工艺品,带动了农村经济增长。此外,浙江省安吉县也通过"浙里出行"平台,将38条农村客运线路与132个乡村旅游点相结合,推出了一站式的"车票+门票+住宿"打包服务。通过旅游联程服务,不仅增加了过夜游客的数量,还提高了旅游的整体收益和本地居民的收入。

● **专栏8-3 云南大理:洱海环线旅游巴士**

大理市打造129公里环洱海旅游公交专线,投入50辆纯电动双层观光公交,设置36个特色站点。线路深度融合文旅资源:①推出"车票+门票"联票,游客可凭电子票根享受沿线23家民宿8折优惠、12个景区快速通道;②车内配置AR导览系统,实时展示苍山洱海文化典故;③设立农产品展销区,每周轮换展销周城扎染、喜洲破酥粑粑等非遗产品。运营首年运送游客超180万人次,沿线民宿入住率提升22%,农产品销售额突破5000万元。同步开通"夜间观星专线",联合天文馆开展科普活动,单条线路年营收达300万元。

来源:云南省文旅厅《交旅融合促进乡村振兴典型案例》

8.3.4 区域经营模式

农村客运区域经营模式是指通过运管部门将一个特定的经营区域整体交给某个客运公司进行管理与运营。提供区域经营服务的经营者,可根据经营区域内群众出行需求,合理确定运营线路和运力投放。该模式由运营公司根据市场需求和实际情况,制定运营计划,合理确定区域内的投入运力、开行班次及线路走向,确保在规定时间内所有行政村都能实现按计划通车。这种模式适用于经济落后或客运需求不均衡的地区,能够有效提升交通服务的覆盖率和运营效率。在区域经营模式下,经营者可以根据群众的出行需求灵活调整服务内容,保障运输资源的高效利用,从而最大限度地满足各类出行需求,尤其是为偏远地区的乡村提供稳定的交通服务。

● 专栏8-4 贵州毕节:打造农村客运区域经营模式

　　毕节市为解决农村旅客出行"最先和最后一公里"问题,推行"一车多站、多站乘车"模式。针对部分地处偏远、客流量少、运行成本高的偏远乡村,指导驾驶员通过微信或二维码建立乘车群,及时与村民约定乘车时间和地点,按时驾车上门接送。探索区域经营、循环经营、电话、网络预约定制化服务等模式,为乘客提供"门到门""点对点"的运输服务。目前,全市95%以上农村客运驾驶员与群众已建立乘车群,已投入运营车辆128辆。在大方县小屯乡、百里杜鹃管理区普底乡等乡镇到周边市州的29条客运班线上,定制化客运服务,切实方便群众出行乘车。

来源:毕节日报社融媒体中心

8.4　我国农村客运发展举措

　　(1)构建普惠化、精细化的多元运输服务体系,全面夯实农村出行基础保障。

　　农村客运作为城乡公共服务均等化的重要载体,需以"广覆盖、深服务、高适配"为目标,构建多层次、全场景的运输服务体系。在基础网络布局上,应立足"干支衔接、区域循环"的骨架线网,重点强化对偏远自然村、山区聚居点的辐射能力。针对人口分散、需求低频地区，推广"预约响应"服务模式，通过数字化平台整合零散出行需求，灵活调配中小型客车资源，实现"需求即时响应、服务精准触达"。同时，针对就医、就学、务工等高频民生场景，需动态优化服务供给结构：在农忙时节开设"田间直通车"，提供农资运输与劳动力接驳的复合服务；在民俗节庆期间开通"文化专线"，串联非遗村落、特色集市等文旅节点，激活乡村文化经济；在寒暑假等特殊时段加密"就学班车"，保障学生群体安全出行。

服务质量提升需贯穿服务全链条。建立以准点率、安全性、舒适度为维度的评价体系，引入第三方监测与群众满意度调查，形成"数据＋体验"双驱动的考核机制。对运营企业实施分级分类管理，将考评结果与财政补贴、线路经营权挂钩，倒逼企业从"保基本运行"向"优服务品质"转型。基础设施方面，需统筹农村公路改造与客运站点升级，重点推进临水临崖路段安防工程、老旧桥梁加固工程，同步建设"多站合一"型综合服务枢纽，整合客运候车、物流分拨、邮政收发、电商展销等功能，打造"一站集成、多业联动"的乡村服务综合体。通过增设充电桩、无障碍设施等，提升站点服务包容性，使其成为衔接城乡、辐射村组的"民生服务基站"。

(2)深化"交通＋"产业融合与数字化转型，激活农村客运可持续发展动能。

农村客运需突破单一运输功能，向"运产融合、数实共生"的生态化方向演进。在产业融合层面，重点推进三大路径：其一，深化"运游结合"，联合文旅部门开发主题化线路产品，如串联古村落、生态农庄的"乡愁之旅"，整合采摘园、民宿集群的"农趣专线"，通过"车票＋门票＋食宿"联程优惠提升附加值；其二，拓展"客货邮融合"，利用客运车辆富余运力开展小件快递、农产品冷链运输，建立"以客带货、以货补客"的共享机制，对涉农运输实施高速公路通行费减免政策，降低物流成本；其三，探索"交通电商共生"模式，在客运站点设置农产品展销区、直播基地,通过"线下集散 + 线上推广"打通产销链路,培育"站点经济"新增长点。

数字化转型是提质增效的核心引擎。需构建智能调度中枢,整合实时客流、车辆定位、路况信息等多源数据,通过算法模型实现需求预测、动态排班、路径优化的一体化决策,显著降低空驶率与运营成本。推广全域电子客票系统,打通移动支付、扫码乘车等无接触服务,在村级站点布设多功能自助终端,提供票务查询、包裹寄取、生活缴费等"一站式"服务。针对老年群体,开发语音交互、大字界面等适老化功能,设立"村级代办员"辅助线上操作,弥合数字鸿沟。此外,试点"数字驿站"创新模式,将客运站点升级为乡村信息枢纽,集成政务代办、远程医疗、技能培训等公共服务模块,使交通节点成为乡村振兴的"数字化前沿阵地"。

(3)健全政策保障体系与市场化运作机制,构建多方协作的长效发展格局。

农村客运附属的公益属性要求政府主导与市场机制有机协同。政策设计上,需加快完善法规标准体系,明确车辆配置、票价形成、服务响应等核心规范,建立"国家保基本、地方促特色"的分级保障机制。中央财政应设立专项补贴资金,对日均客流低于临界值的民生线路实行"人公里成本补偿",对新能源车辆购置、充电设施建设给予定向支持;地方政府可通过土地置换、税费优惠等政策工具,引导社会资本参与站点综合开发。将农村客运发展纳入乡村振兴考核指标,压实县级人民政府主体责任,探索"公益性线路政府购买服务、增值性业务市场化运营"的分类管理模式。

市场化创新是破解资金瓶颈的关键。支持企业通过站点广告开发、商业租赁、光伏发电等多元化经营反哺客运主业,试点"线路经营权 + 资源开发权"捆绑招标,激发企业内生动力。推广"村企共建"模式,鼓励村集体以闲置校舍、祠堂等资产入股客运站点改造,按比例分享物流代收、农产品代销等衍生收益,形成利益共享机制。同时,加强从业人员队伍建设,建立覆盖驾驶员、调度员、站务员的全员培训体系,将服务规范、应急技能、数字工具应用纳入必修课程,推行"星级服务评定"制度,实现服务质量与薪酬待遇动态挂钩。

(4)强化区域协同与绿色低碳转型,打造集约高效的现代运输网络。

打破行政边界束缚,构建"区域一盘棋"的发展格局。在运营组织上,推动相邻县域组建跨区域运营联盟,通过智能平台实现跨区域线路统筹、车辆共享,在节假日、农忙期等高峰时段开展应急互助,提升资源使用效率,破解"行政区划壁垒"。探索"主干线统一运营、支线个性化服务"的协作模式,在跨市毗邻地区试点"一票通达"联程服务,促进人员、物资跨域流动。同步推进农村客运与城乡公交体系融合,优化接驳站点设置,开行"镇村微循环公交",形成"城际—县域—镇村"三级无缝衔接网络。

绿色发展是农村客运转型升级的必由之路。加速新能源车辆替代,优先在旅游专线、校园班车等固定场景推广纯电动客车,配套建设分布式光伏充电站,探索"光储充一体化"解决方案。结合乡村生态资源禀赋,设计"低碳示范线路",沿线布局观景平台、生态驿站,将交通设施转化为绿色文化展示窗口。深化与乡村振兴战略的协同,将客运网络规划与特色产业带、生态保护区布局深度融合,开通"产业专线"服务家庭农场、合作社集群,开行"生态观光车"连接森林公园、湿地公园,实现"交通线"向"经济带""风景线"的质变升华。通过政策引导、技术赋能、模式创新三重驱动,最终构建起"覆盖全域、服务多元、运行高效、生态友好"的现代农村客运体系,为城乡融合发展注入持久动力。

CHAPTER 9　第9章

专题二：我国农村物流发展

农村物流直接服务于农村地区的生产生活及其他经济活动,是现代物流体系的末端环节,是农业生产资料供应、农产品及农村消费品流通的基础保障。党的十八大以来,国家高度重视并大力推动农村物流发展,2014 年国家邮政局启动"快递下乡"工程,2015 年国家商务部启动电子商务进农村综合示范,2019年交通运输部、国家邮政局和中国邮政集团公司联合印发《关于深化交通运输与邮政快递融合推进农村物流高质量发展的意见》。近年来,交通运输部以交邮融合为切入点,以农村物流服务品牌推广和城乡交通运输一体化示范创建为抓手,不断推进农村物流节点体系建设,提升农村物流资源整合效率,提高城乡物流服务一体化发展水平,全力破解农村物流发展的短板和瓶颈。农村物流是现代流通体系的薄弱环节,加快推进农村物流高质量发展,对于保障城乡物资双向流通顺畅,适应扩大内需和消费升级趋势,全面推进乡村振兴具有重要意义。

9.1　我国农村物流发展基础

党的十八大以来,我国农村物流体系建设得到较快完善和发展,农村物流规模持续升高,农村物流节点网络不断完善,服务水平明显提升,信息化建设逐步增强,在保障农村生活需求、创新农业产业组织模式和推动乡村振兴等方面发挥了越来越重要的作用。

9.1.1　农民可支配收入提升,农村物流规模持续升高

我国农村居民人均可支配收入从 2017 年的 13432 元增长到 2024 年的23119 元,首次迈上 2 万元台阶,增幅达 72.1%。随着农民可支配收入提高以及快递网络和电子商务的不断下沉,农村消费和购买力也持续增强。2024 年,我

国农村网络零售额达 2.56 万亿元,同比增长 6.4%,比 2014 年增长近 13 倍;农产品网络零售额保持强劲势头,同比增长 15.8%。目前,平均每天有超 1 亿件包裹在乡村进出,农村物流规模和需求正在不断升高。

9.1.2 基础设施建设加速,农村物流节点网络不断完善

根据国家邮政局数据统计,截至 2024 年底,全国已建成村级寄递物流综合服务站 34.6 万个,建成邮件处理中心县级 1273 处、乡镇级 6841 处,覆盖了超 95% 的乡村,建成较为完善的农村寄递物流体系。在农村冷链基础设施建设方面,根据中国物流与采购联合会数据显示,近年来,我国农村冷库建设平均年度增幅超过 40%,农村冷藏车保有量平均年度增幅超过 35%,水果和蔬菜的冷链流通率也明显提升。在农村物流网络节点建设上,鼓励资源综合利用,场站资源共享,推动县级寄递公共配送中心建设,发展"多站合一"的乡镇运输服务站和"一点多能"的村级物流综合服务点,提高农村物流节点网络覆盖率,打通农产品进城的"最先一公里"和乡村消费品的"最后一公里"。

9.1.3 物流发展模式创新,农村物流服务水平明显提升

(1)物流与电子商务不断融合。

随着国家推进电子商务进农村工程,农村电子商务快速发展,不仅带来农村电商网络零售额快速增长,同时促进电子商务与农村物流的协同发展,农村电商物流体系不断完善,已成为连接农产品生产与销售之间的重要纽带。

(2)交通与邮政快递不断融合。

针对农村地区物流需求规模小、布局分散、物流配送成本高等问题,不断加强交通运输与邮政快递的融合发展,共建共享物流节点,互补互用运力资源,推进"客货邮"融合发展,提高农村的物流组织效率,完善农村物流服务体系。截至 2024 年 12 月,全国累计开通客货邮融合线路 12700 余条,推动了农村物流降本提质增效。

（3）与农户、种植基地、商贸流通等的融合。

通过构建"种植基地＋生产加工＋商贸流通＋物流运输＋金融"的供应链体系，形成集"产、运、销"一体化的农村物流服务模式。融合发展模式不断创新，推动农村物流服务能力逐步提升。

（4）"低空＋物流"应用场景不断拓展。

通过无人机配送，可实现跨山越水，抵达传统运输模式"送不到""送不好"的场景，打通农村物流"最后一公里"。

9.1.4 智慧物流起步发展，农村物流信息化水平逐步增强

部分农村地区积极推进物联网、云计算、大数据、移动互联网等信息技术在农村物流发展中应用，根据乡村地域和产业特点，结合农村生产、生活需求，建立物流信息公共平台，采集农产品、工业品供求信息，整合物流运输资源，加强对加工、分拣、仓储、运输、配送等物流环节的跟踪和管理，提高物流设施利用率，实现运力调配，不断提升农村物流的信息化、智能化水平。比如，江西省赣州市安远县以"互联网＋物流"解决农产品上行和消费品下行的"最初和最后一公里"问题，有效满足了"小批量、多批次、低成本、高时效"的农村物流需求。

9.2 我国农村物流发展瓶颈

9.2.1 体制机制不健全、各部门协同不够

近几年，国家高度重视农村物流发展，商务部、农业农村部、交通运输部、国家邮政局等均出台相应政策支持农村物流体系建设和发展，但是部门间共享共建机制还不够完善，受管理体制制约，行业主管部门多以垂直管理为主，在政策落地实施过程中，存在相互间不协同的问题，尤其是落实到地方属地管理后，如果县级政

府在推动农村物流发展中主体作用不强,县级发改、商务、农业、供销、邮政、交通等部门存在行政壁垒,尚未形成合力,一定程度制约了农村物流的高质量发展。

9.2.2 顶层设计缺乏,多头管理融合不足

从国家层面各部门在农村物流和流通体系建设上均有各类型的规划政策出台,但在地方特别是县级层面,农村物流体系缺乏顶层设计,部分地区农村物流体系不够完善,同时存在仓储物流资源重复建设的资源浪费现象。部门间、企业间的合作机制仍然处在探索试点阶段,没有形成统一的整体效果。县(市)级层面缺乏与当地产业特征、人口经济特征相适应的农村物流专项规划,对设施条件、运营模式、装备水平、人才培养等缺乏系统研究。

9.2.3 可持续发展面临制约,升级动力不足

农村物流在货物集聚方面存在先天性劣势,仅通过市场机制难以完全实现所有乡村全覆盖及可持续发展。农村物流本身应具备的公益属性发挥不够,与市场主体盈利目的之间存在一定矛盾。农村物流企业规模化程度低、利润率低,融资成本高、回收周期长,缺乏投资动力对仓储设施、物流装备设备进行升级改造,也很难吸引外部资本投资。

● 专栏9-1 农村物流成本较高

我国农村地区面积广大,但大部分农村人口较少,远离城市和乡镇,增加了物流配送的距离和运输车辆的燃耗,农村物流配送人力成本也不断上升,市场需求不集中,造成农村物流成本偏高。依据菜鸟物流成本计算,一个村庄物流点每天包裹数达到10单的时候,平均成本是每单4元;达到20单,成本将降到3元左右。

9.2.4 市场主体发育滞后，组织化程度低

当前，我国农村物流市场主体呈现出多元化、多层化态势，包括传统的邮政、供销企业、快递和其他各类物流企业主体，农村物流参与主体主要是中小型企业和大量个体运输经营者，普遍规模小、市场覆盖面窄、配送体系不完善，服务水平较低。大型物流主体和龙头企业缺失，难以发挥对农产品收购、加工、销售的辐射带动作用，农产品生产流通难以形成集聚效应，运输组织化程度与运输资源利用程度偏低。由于缺乏有效组织与合作，导致农产品上行中流通环节增加，信息沟通不畅，流通效率受到一定影响。农村运输市场监管力度不够，缺乏做大做强的政策环境，普遍存在价格战等恶性竞争，破坏市场环境，限制了企业发展。

9.2.5 现代化水平有待提高，最后一公里短板依然存在

在农村公路网已经基本完善的情况下，中西部地区、经济欠发达地区和偏远山区等农村物流基础设施建设仍然存在短板。部分农产品产地仓储和冷链物流设施建设相对滞后，在农产品集中上市季节，由于缺乏冷库等仓储设施极易造成短期阶段性积压，农民丰产难以丰收。农产品冷链物流运力与市场需求不匹配，导致我国农产品物流成本高、损耗大。据统计，我国80%的鲜活农产品均采用常温运输，流通环节腐损率20%～30%，年损失额达到1000亿元以上。

信息化发展水平较低，资源协同共享不足。尽管近年来电子商务的快速发展带动了农产品的网上交易，但农村物流公共信息平台不够完善，市场供求信息获取渠道较少，货源组织、运输车辆组织及价格信息传递缓滞，农村物流企业运作水平低下，开拓市场能力弱。农产品流通主要依赖批发市场模式，缺乏综合性集配中心。自动化发展欠缺，寄递物流分拣仍然以低效的人工分拣为主。标准化发展滞后，农村物流适用的标准缺失，不利于我国农产品流通体系建设。

寄递物流"最后一公里"从乡镇到建制村的通而不畅问题依然存在,不少农村仍需到乡镇取发快递,时效性、便捷性、体验感较差。冷链运输"最后一公里"配送多采用"冰块 + 棉被"的运输方式,物流腐损率较高,难以保障食品安全。

9.2.6 资金支持力度有限,社会关注较低

部分地方政府认为物流属于市场经济范畴,缺乏对农村物流在基础公众服务方面的公益性理解,制定的扶持政策往往缺少长效明确的资金扶持措施,以至于政策执行效果不佳。部分地方政府实施"运动式"的设施建设补助但缺乏运营维护支持政策,往往设施建成后运营效果较差。

9.3 我国农村物流组织模式

9.3.1 传统物流组织模式

(1)"零售企业 + 农户"(商超模式)。

"零售企业 + 农户"物流运作模式是以农村物流供应链的下端企业为主,零售方负责沟通农产品生产方、农产品加工方和购买方,通过直接与农产品生产者合作,集中采购农产品,通过自有农产品加工配送中心对农产品加工包装,最后送至各大商场或连锁商店。这种物流模式往往被许多大型连锁商超采用,该模式强调直接集中采购,流通环节畅通有利于农产品供应的稳定性,同时对农产品质量、包装和标准化等方面要求比较严格。

黑龙江省五大连池市建设乡将"农超对接"作为惠民助农的重要举措,精准对接市区内的大型超市,与五大连池市缘克隆等超市签订了"农超对接"合作协议,村民种植的蔬菜成熟后,由商超进行上门集中采购及物流运输,直供给超市,搭建起蔬菜从菜园到超市货架的产销"桥梁",解决农户的"后顾之忧"。

（2）"加工企业＋农户"。

在"加工企业＋农户"的物流运行模式中，农业加工企业负责与农户签订订单合同，收购农产品并负责农产品的加工和包装，最后将农产品送至下一级市场或直接送到消费者手中。在这一物流运输流程中，加工企业作为中间枢纽连接农产品生产方和农产品零售企业或消费者，因此，需要承担除农产品生产以外的所有环节，包括农产品生产前期生产资料的提供和技术指导，物流期间中的加工包装、储存、运输、配送等过程，即要求农产品加工企业具有一定的农产品收购实力和物流运输能力。

黑龙江省富锦市上街基镇与农业企业签订糙米采购协议，通过每斤价格1.5元的保底收购，将传统农业中"农民靠天、企业随市"的零和博弈被转化为利益共享机制。农业企业一方面指导推动全镇14户稻田实现统一选种、标准化种植，化肥使用量降低15%，亩均增收150元，另一方面在以保底价收储优质稻米后，通过物流运输直供智能加工设备与线上平台，推动农民收益与市场需求精准对接。

（3）邮政快递物流运输。

中国邮政快递是我国最早开展农村物流业务的企业之一。2009年国务院办公厅《关于推动农村邮政物流发展的意见》指出，要着力打造管理集约化、网络规模化、服务社会化的现代农村邮政物流综合服务平台。邮政企业对农村市场进行合理布局，建立仓库、处理中心等，结合自有运营线路，合理规划物流运输网络，并通过信息化建设，加强农村物流系统的有效运行。国家邮政局通过接续实施"快递下乡""快递进村"等工程，不断加强农村寄递物流体系建设，我国农村寄递物流体系从无到有，从初步建立到日渐完善。

由于邮政快递深耕农村市场，服务范围已覆盖所有农村社区，因此，农户将农产品送到邮政村级服务站后，邮政快递可以实现由村到乡到县到市的逐级运转，最后运送到各级市场，满足当地的农产品需求。此外，邮政物流网络的畅通可以方便农户更快速地了解农产品的消费市场，根据客观反馈情况调整农产品的生产。

9.3.2 "电商+物流"组织模式

除了传统的农村物流渠道,电子商务的发展为农村居民售卖农产品提供了更多的渠道,越来越多的农产品生产者选择通过电商平台销售农产品,农村地区的上行物流数量随着农村电子商务的普及而不断增加。目前,农村电商作为经济发展新引擎,逐渐成为壮大村级集体经济、推动乡村振兴的重要一环,为农村经济发展注入了新的活力。

农村电商物流是基于电子商务平台进行的一种农村物流双向活动,这样的流通模式增加了电商平台第三方的监管,农户可以在电商平台上发布产品信息,买方可以通过平台了解信息进行购买。在这个过程中,物品的流通可以由农户指定物流平台,也可以由电商平台选择物流运输企业。

● 专栏9-2　广西富川:"电子商务+特色产业"发展模式,推动电商物流融合发展的网络化、集约化、标准化

富川县采用"区域公用品牌、产品品牌""区域公用品牌、企业品牌"的双品牌策略,依托线上和线下双驱动的营销模式,线上农产品消费服务、线下农家体验,不断提高富川品牌知名度,实现农村物流的降本增效。

富川强化电子商务对农村物流发展的带动性作用,构建了以县城农产品电商产业园和服务中心为核心、乡镇服务站为骨干、农村服务点为支点的三级电商物流综合服务体系,推动电子商务、农村物流与本地特色产业渗透融合发展,畅通产供销配全产业链,加快实现一体化、规模化运营,时间节约1~2天左右,物流成本平均降低20%以上。对富川脐橙、冰淇梨、香芋南瓜等特色农产品的外销以及消费品下乡发挥了重要作用。

来源:交通运输部"第二批农村物流服务品牌"

9.3.3 "共同配送"组织模式

共同配送是通过物流配送资源的科学整合与配置,集中客户配送需求,实现配送业务的规模化和集约化,分摊配送成本,提高物流服务效率。城乡共同配送是兼顾城乡双向流通体系的共同配送模式,是城市共同配送在农村地区的拓展。要实现城乡双向物流配送,应积极培育城乡共同配送经营主体,构建城乡一体化的共同配送网络,有效发挥城市物流对农村物流的辐射与带动作用,克服传统城乡自营物流存在的业务分散、规模小、成本高、效率低等问题。

根据有关数据显示,目前,我国2800多个县级行政区中已经有近一半区域探索了不同形式的快递共配模式,通过将不同快递企业的快件进行集中配送,多家快递公司可以共享配送车辆、仓储设施,从而降低物流成本,还能通过集中配送和路线优化,缩短配送时间,提升服务质量。共同配送模式不仅打通快递进村"最后一公里",让快递进村更顺畅,同时也释放出农村电商的强劲动力,使农产品上行更有力。

● 专栏9-3 "快快合作",多家快递公司组成快递联盟,
　　　　　　共享资源和网络

陕西省富平县在渭南市邮政管理局指导下,地方商务部门整合中通、申通等多家快递企业及一家商贸流通企业,引进自动分拣设备,打造了共同配送体系。依托14个镇级电商综合服务中心和140个村级电商综合服务站,设立232个村级快递站点。目前,富平县已形成县级分拣、镇级中转、村级收发的农村寄递物流体系,助力快递企业降低综合运营成本30%至50%。

来源:《人民日报》

● 专栏9-4 "快递孵化"，单家快递公司主导，承揽其他企业收派件

安徽长丰，顺丰旗下驿加易科技有限公司搭建起县乡村三级物流共配网络，由其提供场地、车辆、信息系统等服务，整合中通、极兔等企业的收派件业务。各家企业将快件从镇上交给顺丰后，每天两趟随就近顺丰物流班车送到村里。顺丰承揽其他企业收派件业务，已覆盖当地一半的行政村，村民平均取件距离缩短6公里，村民日均寄递量也大幅提升。

来源：《人民日报》

9.3.4 "客货邮"融合发展模式

"客货邮"融合发展是一种整合交通运输和邮政服务的新型物流模式，即将邮件包裹、党报党刊投递等邮政业务交由农村客运车辆代运代投，充分利用农村客运车辆通达各乡镇和建制村的优势和特点，打通农村物流配送和邮政寄递的"最后一公里"。2019年，交通运输部、国家邮政局、中国邮政集团公司联合印发了《关于深化交通运输与邮政快递融合 推进农村物流高质量发展的意见》，这是新阶段交通运输和邮政行业推进农村物流发展、改进提升农村物流服务品质的一项重大举措。近年来，为补齐农村物流服务的短板，满足广大群众生活需要，我国进一步推动农村客运、农村物流、邮政快递融合发展，地方先行先试，探索了不同形式的融合发展模式。

● 专栏9-5 四川乐至：加强交邮联合，整合运力资源，
探索快递进村新模式

乐至县按照四川省"金通工程"统一部署，努力探索适合本地发展的可持续、高质量农村运输发展模式，加速农村客货邮融合发展进程，提升

县域运输服务水平,带动民生改善,促进产业发展。

(1)建立协同机制,推动融合试点新品牌。一是交通运输部门与邮政部门建立会商机制,联合印发指导意见。二是县交通运输部门和邮政公司联合成立工作专班,统筹协调各类资源。三是在童家镇先行先试,"金通工程"驾驶员"兼任"邮政揽投员,利用农村客运"小黄车"富余空间运送邮件快件、下乡工业品和出村农产品。

(2)加强交邮联合,拓展站点建设新思路。充分整合邮政综合便民服务站、村邮站、乡村便利店等资源,按照统一标准打造五星级、四星级、三星级三类"金通·邮快驿站",客运车辆将邮件快递直投到驿站,农村群众在驿站候车、乘车,实现两站合一、客货共享。截至 2024 年底,已有234 个行政村建成"金通·邮快驿站"。

(3)整合运力资源,探索快递进村新模式。精准匹配客运线路和农村物资运输需求,最大限度采用客运车辆代运邮件、快件和农村商品,实现全县所有乡镇邮件快件包裹、党报党刊均由"小黄车"代运代投,解决了过去农村群众到乡镇取货的不便,实现了送货上门。

来源:交通运输部印发《农村客货邮融合发展典型案例》

9.4　我国农村物流网络布局模式

9.4.1　以邮政为主导的农村物流网络布局建设

中国邮政是辐射全国范围最深最广的物流快递企业,尤其在快递不发达的偏远地区,起到更大的作用。中国邮政的网络、渠道、设施和服务是农村现代流通体系的重要组成部分,是畅通农产品出村进城"最先一公里"、工业品下乡"最后一公里"和加快城乡融合发展的重要力量。

(1)浙江遂昌县:邮政主导推进县乡村三级物流体系建设。

浙江省遂昌县邮政分公司通过数字赋能、资源整合,加快推进县乡村三级物流体系建设,实现全平台快递包裹的混合自动分拣功能,精准解决工业品下乡"最后一公里"和农产品上行"最初 100 米"两大难题。遂昌县所有的农村下行邮件由遂昌县邮政分公司负责转运、配送,经过县乡(镇)邮路送至乡镇中转中心,再通过乡(镇)村级邮路送达村级综合服务站,实现"快递进村"。

遂昌县分公司对现有延伸至村级的邮政投递网络进行改造升级,逐步实现全县农村快递由邮政统一分拣、统一运输、统一配送、统一收寄。目前,已建成 1 个占地 2800 平方米的标准化县级处理中心,完成 9 个乡镇级物流中转中心及乡镇级服务网点建设,通过整合村级党群服务中心、村邮站、"四好农村路"、益农信息社等站点资源,因地制宜建设 120 个村级综合服务站点,进行标准化建设和个性化改造,服务辐射 201 个行政村。

(2)福建三明市沙县区:打造"新型邮政 + 电商物流"服务品牌,构建覆盖城乡的县乡村三级物流体系。

福建省三明市沙县区创新"新型邮政 + 电商物流"模式,加强邮快合作,邮政作为沙县区乡镇揽投的主要力量,与 14 家民营快递公司、12 个乡镇、113 个行政村签订下乡进村合作协议,为乡村民众免费派件及平价揽件,打造了覆盖城乡、便民惠民的"县、乡、村"三级物流体系。同时,借助三级物流体系优势,沙县区成立沙县电子商务行业协会,促进信息互通、资源共享、行业自律、抱团发展、电商应用和电商创业。牵头发展移动、广电、国寿等"助农联盟"会员单位 12 家,解决农特产品"返城难"问题,建成沙县区农特产品种植户动态数据库,破解本地初级农产品返城销售瓶颈,帮助优特农产品种植者提升经济效益。

沙县区通过构建"新型邮政＋电商物流"模式,逐步实现邮政全面承接全品牌民营快递下行业务,已累计派件 46 万件,为乡村民众节省快递取件费超 100 万元,乡村居民快递寄件费用降低 30% 以上,惠及 134 个行政村 13.4 万村民。

9.4.2 以民营快递企业为主导的农村物流网络布局建设

除邮政、顺丰、京东等相对独立物流体系外,依托民营快递企业整合县域流通资源,打造联合经营体或者成立一家新的配送企业,通过完善城乡物流网络节点体系、开展统仓共配和开通农村物流班车,最终实现快递进村。联合经营体利用自身体量和服务网点,整合当地物流配送企业和商贸流通企业,实现统仓共配,提升效率。

湖南省湘潭县由县商务局推动,志远物流牵头,将占本县快递业务 70% 以上的圆通、韵达等 6 家快递公司和天猫超市配送进行优化整合,成立湘潭百灵鸟供应链管理有限公司,实现联合经营。建立了以银河电商物流园为中心、乡镇为支点、村级服务站为末梢的三级物流配送网络,进行统一保管、统一配货、统一送货。目前,湘潭县采用定时、定点、定车、定线的模式进行集中配送,湘潭县 17 个乡镇、320 个村已经实现快递全覆盖,高效的物流配送体系在有效降低物流成本的同时,进一步畅通了工业品下行和农产品上行的渠道。

9.4.3 以交通为主导、推动"客货邮"融合发展的农村物流网络布局建设

(1)湖南省汨罗市:"交邮"牵头探索客货邮融合发展,构建客货邮物流体系。

2022 年 8 月起,湖南省汨罗市开始试运行农村客运班车捎带快递进村模式,整合农村客货运和邮政快递运送,构建汨罗市客货邮物流体系,具体做法如下:

一是制定了"交邮牵头、多方协同"的市场化运作思路，由市客运公司提供运力，中国邮政汨罗市分公司承担邮件上下行传递、邮件费用清算、县乡村站点的建设运营等环节，在不额外增加运营主体的前提下，实现资源整合利用；二是中国邮政汨罗市分公司以原有的邮政便民服务站点为基础，结合城乡公交运营线路，在超市、交通站场等人员聚集、空间充足的场地，遴选和新建了一批客货邮服务站点，目前全市客货邮服务站达到了163个，覆盖所有行政村，站点统一招牌、布置，有序编号，方便管理；三是汨罗市客货邮运营中心依托"中邮E通"平台，开发了客货邮线路运行智能系统，与城乡公交智能监控平台无缝对接，可以实时获取车辆班次、定位、运营线路、途经站点、发车时间、驾驶员电话等信息，对客货邮快递包裹全程跟踪管理。

（2）湖北省赤壁市：依托全域公交优势，推动客货邮融合发展。

赤壁市由交通运输局牵头，加强部门间协同联动，完善农村客货邮基础设施，优化服务网络，推动形成运输效益增长点，实现行业降本增效。具体做法如下：

一是确定"行业部门协调组织，公交快递合作共建"的工作机制，引导公交企业、邮政公司和物流企业参与农村客货邮综合服务；二是拓展场站功能，延伸综合服务，在农村客货邮综合服务站中专门设立邮政服务区，引进邮政公司党报党刊投递业务，收投文件和小件快递，利用"村村通"公交车，沿合作线路投递至镇级综合服务站、村级综合服务点，实现上下行双向流通；三是通过分区的方式，布局农村客货邮综合服务站和合作线路，合理构建农村客货邮综合服务网络；四是市公交集团购置30台设有专用货物存储周转空间的新型公交车辆，并在原有车辆上增设货物存储周转箱（柜），实行客货分离，在确保客货运输安全的基础上，提升服务质量和效率，公交带货量占农村物流总量20％；五是优化配送组织，将邮政、电商、物流、快递的小件货物进行"点对点"多轮次配送,缩减农村物资上下行时间,为农村群众提供农产品随送随收、快递件随到随取的便捷服务,配送效率提高40%,物流成本降低20%。

9.5 我国农村物流发展举措

9.5.1 完善体制机制,加强顶层设计

建立健全地方人民政府领导、多部门参与的农村物流发展协调工作机制。强化地方人民政府在推进农村物流发展中的主导作用,明确牵头部门或成立协调机构,制定出台促进农村物流发展的有关政策,协调解决有关重点和难点问题。积极探索跨部门共建共管,跨行业联营合作发展的新机制,鼓励各地交通、商务、供销、邮政等各部门,利用各自优势资源,开展多种形式的合作,进一步统筹协调强化政策协同效应,形成资源共享、优势互补、多方受益的格局。

强化农村物流体系的顶层设计与城乡规划的有序衔接,构建城乡融合、布局合理、结构优化的农村物流网络。补齐中西部地区、经济欠发达地区和偏远山区等农村物流基础设施短板。合理确定县、乡镇、村三级物流节点的数量、规模,优化物流设施布局、功能。

9.5.2 强化政策支持,落实资金保障

加大在土地、资金、税收等政策上的支持,加大对农村物流基础设施建设、物流运输车辆装备升级改造、农村物流公共信息平台网络建设的扶持力度。实行优惠的物流用地政策,支持促进农村物流有关项目实施,支持盘活农村地区的存量土地资源,鼓励使用原有的设施和用地进行农村物流活动。加大对农村

物流企业的税费扶持力度，为农村物流企业减负，贯彻国务院关于支持小微企业发展和创业创新的减税降费措施。推进交通运输、商务、供销等扶持政策的融合，提升政策叠加效益，发挥政策合力。争取市、县级人民政府加大对农村物流的财政投入力度，落实农村物流试点的配套支持资金，探索建立农村物流发展专项资金。

建立健全事权、责权相适应的资金投入保障机制。建议各地充分利用土地出让收益、中央财政衔接推进乡村振兴补助资金，积极整合各类涉农资金，集中支持农村物流发展的关键领域、关键环节、关键区域。将符合条件的农村物流基础设施建设项目纳入地方政府专项债券支持范围。鼓励各类金融机构在业务范围内对农村物流基础设施建设予以支持。引导商业性金融机构积极支持农村物流建设。指导各级农业信贷担保公司加强与银行业金融机构合作，对符合条件的农村物流企业积极提供担保业务。

9.5.3 优化发展环境，壮大市场主体

深化"放管服"改革，建议地方政府部门通过顶层设计和优化引导来有效化解农村物流发展矛盾，强化农村物流市场经营规范，形成良性的市场环境。完善相关法律法规，消除制约农村物流企业兼并以及组成联盟与合作社的法律和监管障碍，健全客货邮融合发展的制度环境，进一步规范鲜活农产品"绿色通道"政策贯彻实施。

采取相关的产业政策，引导农村物流市场整体结构向适度集中的类型转变，尤其是在培育龙头骨干企业、中小企业联盟等市场主体方面，采取更加积极有力的政策，促进货运企业兼并联合，实现分散运输资源的有效整合，为农村物流的一体化、集约化运作创造基础条件。鼓励农村物流企业基于城乡产业特征和区域社会经济条件丰富服务形式，为当地提供定制化、个性化农村物流服务，助力农村产业发展推动乡村振兴。

9.5.4 坚持创新引领，全面规范发展

鼓励地方政府通过试点示范工程进行改革创新和政策创新，共同推进以"多业融合、一点多能、一网多用"为特征的农村物流区域性试点。支持农村物流市场主体通过理念创新、模式创新、技术创新、管理创新等方式提升运营水平，积极承担社会责任，更好地服务于农村经济社会发展。

通过制定农村物流装备设备标准、运营服务标准，引导提升农村物流专业化服务水平。推广适用于农村物流的厢式、冷藏等专业化车型，开发符合乡村地区特征的经济性配送车型。淘汰安全隐患大、能耗排放高的老旧车辆，提升农产品物流运输的安全、经济性，提高农村物流运输装备的标准化水平。

加快建设农村物流公共信息平台，实现交通、电商、供销等部门的物流信息平台有效对接，解决物流市场信息不对称问题，实现物流企业、从业人员、车辆资质信息查询等功能，为城乡居民、物流企业、供应商、采购商、政府部门等提供公共信息服务。

专题三:各地在编制城乡交通运输一体化发展规划中应关注的几个问题

用中长期发展规划指导经济社会发展,是我们党治国理政的一种重要方式,党的二十届三中全会对完善国家战略规划体系和政策统筹协调机制作出部署。在农业农村迈向现代化的进程中,以规划创新为根本,准确把握城乡交通运输发展的历史方位、时代背景和外部环境变化,合理制定城乡交通运输发展总体思路、发展目标、主要任务和重大工程,对促进城乡交通运输高质量发展至关重要。城乡交通运输一体化发展规划是指导地方有效推进城乡交通运输发展的顶层设计,本书提出的的研究内容和研究方法有一定的独特性,将规划编制与地方实际相结合,突出地方特色亮点,是保障规划实施效果的根本。

10.1 研究概况

10.1.1 研究背景

党的十八大以来,中国特色社会主义进入新时代,面对人民日益增长的美好生活需要和不平衡、不充分的发展之间的矛盾转变,我国提出了"城乡发展一体化"目标。党的二十大报告进一步指出,坚持城乡融合发展,畅通城乡要素流动。推动城乡交通运输一体化发展是贯彻落实党中央有关要求,全面推进乡村振兴,缩小城乡差别,实现城乡融合发展的重要内容和基础。随着我国交通运输大通道和综合交通枢纽等基础设施布局的日益完善和全面推进乡村振兴战略的实施,城乡"末梢"交通运输高质量发展的重要性将日益凸显,特别是提升农村地区客运、货运物流、邮政快递服务水平将成为未来我国交通运输发展的重点之一。

城乡交通运输一体化规划通过对城乡交通运输发展目标和任务的具体化

和量化,引领区域城乡交通运输发展向既定发展目标前进,有助于政府和市场更好地整合资源。为了更好地统筹城乡客运、货运物流、邮政快递的发展,通过基础设施融合、运力资源融合、运输信息融合、体制机制融合实现农村客货邮资源整合、优势互补,同时也为了稳步拓展农村客货邮服务广度和深度,补齐农村运输服务短板,巩固脱贫攻坚成果,为城乡居民提供更加均等化、多样化、高品质的运输服务,需要加强各地方城乡交通运输一体化规划的编制工作,为全面提升城乡交通运输服务水平,构建高效、便捷、环保、经济的城乡交通运输模式提供行动指南。

10.1.2 规划研究情况

城乡交通运输一体化规划对象是城乡交通运输,是交通运输体系的"神经末梢"和"毛细血管",规划编制和实施主体是县(市、区)级政府或交通运输主管部门。规划编制主体应在国家和省市指导下针对本地区城乡交通运输发展情况和突出问题,因地制宜制定本地区的规划。

(1)国家和部分省份出台城乡交通运输一体化发展指导意见,为地方编制城乡交通运输一体化发展规划提供了指引。

国家高度重视城乡交通运输一体化的发展,2016年10月,交通运输部、国家发展改革委等11部门联合印发《关于稳步推进城乡交通运输一体化提升公共服务水平的指导意见》,从基础设施建设、客运服务、货运服务、发展环境等方面提出了推进城乡交通运输一体化发展的意见,并要求"统筹规划城乡交通基础设施、客运、货运物流、邮政快递等内容,加强城乡交通基础设施衔接,整合城乡综合交通运输资源,完善优化运输网络,提升城乡交通运输公共服务水平"。部分省市也出台了一系列指导城乡交通运输一体化的指导意见或实施方案,2016年安徽省交通运输厅出台了《关于积极推进安徽省城乡道路客运一体化发展的实施意见》,2022年河南省交通运输厅、河南省邮政管理局、中国邮政集团有限公司河南省分公司出台了《河南省推进县域城乡交通运输一体化实施方案》。

(2)部分县(市、区)探索编制了城乡交通运输一体化规划或短期的相关实施方案,为其他县(市、区)提供了参考和借鉴。

2022年,福建省三明市沙县区出台《沙县区城乡交通运输一体化发展规划》。2023年,广东省肇庆市四会市(县级市)交通运输局组织编制了《四会市城乡交通运输一体化发展规划(2022年—2035年)(征求意见稿)》。另外,为加快推动城乡交通运输一体化发展,超过300多个县(市、区)编制了城乡交通运输一体化示范创建实施方案。

10.2 研究内容和方法

10.2.1 研究内容

城乡交通运输一体化规划的内容一般包括发展基础、形势要求、发展思路和目标、重点任务和保障措施等内容。

(1)发展基础。

发展基础应包括经济社会发展概况、城乡交通运输发展现状、存在问题等内容。

①经济社会发展概况。首先,说明规划区域地理位置及区位优势,分析规划区域与周边重要经济圈、城市群的区位关系、时空距离。其次,说明人口分布与社会经济情况,人口分布包括人口总量、民族构成、城镇人口比例以及近年来变化趋势,社会经济情况应分析三产比例、主要农业类型、支柱产业和旅游业等第三产业发展情况、近年来地区生产总值变化趋势。最后,说明规划区域城镇空间现状及布局情况,包括县(市)发展定位、城镇空间体系与城镇规划情况。

②城乡交通运输发展现状。首先,说明城乡交通基础设施建设情况,包括

对外干线通道、农村公路、客运枢纽和场站体系、货运物流枢纽和场站体系。其次，说明城乡客运发展情况，包括城市公交、城乡公交、城乡班线、长途班线、旅游公交等线路服务情况，以及车辆、票制票价、客运量、营运企业、管理制度情况。再次，说明城乡货运物流发展情况，包括物流体系、客货邮融合以及与电商、农业融合发展情况。最后，说明城乡交通运输支持系统发展情况，重点是信息化平台建设、信息化服务和监管。

③存在问题。从城乡交通网络、客货运枢纽和场站布局、客运及货运物流服务质量和水平、管理体制机制、信息化服务管理、客货邮融合、交通产业融合等方面分析城乡交通运输发展中存在的问题和不足。

（2）形势与需求。

形势与需求是对城乡交通运输一体化发展内外部环境和城乡客货运特点与需求的分析，为制定城乡交通运输一体化发展目标、确定规划重点任务提供依据，主要包括面临形势和要求、运输需求分析等内容。

①面临形势和要求。从落实国家和省（自治区、直辖市）乡村振兴战略，提升公共服务均等化，促进农村运输服务体系集约高效可持续发展，本地区经济社会、产业、城镇和乡村发展布局，资源和环境约束等方面分析城乡交通运输一体化发展面临的形势和要求。

②运输需求。分析规划期内城乡客、货、邮运输的发展特点，运输需求总量，运输结构特征等。

（3）发展思路和目标。

①发展思路。明确城乡交通运输一体化发展的理念、导向、原则和重点。发展思路应在贯彻落实国家推进城乡一体化建设整体部署的同时，因地制宜、体现特色，充分考虑当地城乡交通运输一体化发展实际和需求，正确处理好当前与长远的关系、"输血"与"造血"、政府与市场、效益和公平的关系，努力实现城乡交通运输可持续发展。

②发展目标。发展目标包括总体目标和相关指标。总体目标重点描述规划期末城乡交通运输发展的状态与水平以及对经济社会发展的适应水平，一般从基础设施、客运服务、货运物流服务等方面描述城乡交通运输体系发展的状态与水平。相关指标是在总体目标框架下，从基础设施、客运服务、货运物流服务以及地方发展特色领域(例如客货邮融合、交旅融合)等方面选取量化指标，进一步描述规划期末城乡交通运输一体化发展水平。具体指标的选取要结合规划地区城乡交通运输发展的实际特点确定，并要充分考虑相关数据的可获取性。

(4)重点任务。

重点任务应在分析现有城乡交通运输一体化发展状况、存在问题的基础上，根据城乡经济社会发展形势、城乡客货运需求及发展趋势，综合考虑提出，一般应包括基础设施一体化、城乡客运一体化、城乡货运物流一体化和支持保障系统一体化四个方面的重点任务，另外根据各地经济社会和城乡交通运输发展特点可提出城乡交通运输与旅游、产业融合发展等方面的重点任务。同时应列明重点支撑项目，明确进度和资金安排。

①基础设施一体化。重点针对农村公路网络，客运枢纽站点，县、乡、村三级物流和快递站点体系等方面，特别是农村客运和货运物流基础设施"最后一公里"的布局完善，谋划重点任务和实施工程，明确实施年限。干线通道网络不是本规划研究重点，城乡交通运输基础设施一体化应加强设施共享共用。

②城乡客运一体化。重点应针对优化城乡客运服务网络、推进城乡客运公交化改造、提升城乡客运管理和服务水平、完善新能源车辆及配套设施、强化客运安全监管、加强城乡客运可持续运营保障等方面，谋划重点任务和实施工程，明确实施年限。城乡客运是综合运输体系的毛细管网，应注重全面覆盖和便捷连通。

③城乡货运物流一体化。重点应针对完善县乡村三级配送体系、推动客货邮融合发展、提升城乡货运物流服务和管理水平等方面，谋划重点任务和实施

工程,明确实施年限。城乡货运一体化应加强客运、物流快递和邮政运力资源的整合。

④支持保障系统一体化。重点应针对推动城乡交通运输信息平台建设、提升农村客货邮运信息服务水平、提升城乡交通运输监管信息化水平等方面,谋划重点任务和实施工程,明确实施年限。

⑤城乡交通运输与旅游、产业融合发展。重点应针对城乡旅游公路建设、打造旅游客运专线、创新特色旅游客运服务、发展城乡电商物流等方面,谋划重点任务和实施工程,明确实施年限。交旅、交产融合发展应突出各地经济产业发展特点和文化旅游特色。

(5)保障措施。

保障措施主要从组织保障、政策扶持、资金筹措、宣传推广等方面提出措施建议。组织保障应重点建立发改、财政、自然资源、邮政等多部门共同参与的组织协调机制。政策扶持应在土地供给、资源综合开发、经营模式创新等方面考虑给予支持。资金筹措应研究建立适宜的补贴机制、拓宽融资渠道、落实有关财税制度等。宣传推广应注重在新媒体上的宣传,加强不同地区间的交流。

10.2.2 研究方法

(1)准确把握城乡交通运输一体化发展导向。

①注重服务均等,拓展城乡客运物流服务广度和深度。中共中央、国务院印发的《交通强国建设纲要》明确要求,提升公共服务均等化水平。推动城乡交通运输一体化发展的重要目的之一就是全面提升城乡交通运输公共服务均等化水平。部分偏远农村由于人口数量少、快递业务量小、收入偏低等原因,快递网点生存困难,农村物流快递"最后一公里"未有效打通,人们需要到几公里甚至十几公里远的乡镇网点去取快递,另外部分农村地区客运服务水平有待提高,农村客运营运压力较大。规划应注重完善县乡村三级物流体系,拓展农村

快递物流服务广度和深度,补齐农村运输服务短板,保证农村快递网点下得去、稳得住,打通偏远乡村农村物流快递服务的"最后一公里";同时通过客车带货等多种手段提高农村客运企业营收,巩固脱贫攻坚成果,提高农村群众出行和生活幸福感、获得感,提升公共服务均等化水平。

②注重因地制宜,规划合适的城乡交通运输一体化发展模式。不同地区经济结构、人口分布和产业发展特点不同,农村群众出行、货运物流、邮政快递等运输需求以及各地区能够出台的政策扶持和补贴机制可能存在很大差异,并非所有地区都适宜同一种发展模式。以农村客货邮融合发展为例,对于农村物流快递"最后一公里"未有效打通或者物流快递业务量较小、使用专车运送成本较高,而且客运车辆具备富余装载空间条件的地区可以规划发展农村客运车辆代运邮件快件的形式。对于部分经济较发达、农村物流和邮件快递量很大的地区,客运车辆难以满足其代运空间需求,可以规划整合各类货运物流资源,统筹布设配送路线,推广时间固定、线路固定、站点固定的"货运班线"模式。另外,在旅游资源丰富的农村地区,可以规划发展"客货邮+文旅"的融合形式,推动客运企业、旅行社和物流公司合作,实现"游客进山、产品出山";在电商物流较发达的农村地区,可以规划探索"客货邮+电商物流+货物仓储+金融+政务服务"等多业态的融合形式。总之各地区需要结合自身特点,充分发挥自身优势,规划创新适合本地区的城乡交通运输一体化发展模式。

③注重降本增效,推动城乡交通运输一体化可持续发展。规划应注重使城乡交通运输相关的客运、物流、邮政、快递等相关利益方切实在发展中增收盈利或降低成本,才能充分调动各类市场主体主动探索创新,从而构建起一个可持续发展的体系,这是做好城乡交通运输一体化规划的关键,应从以下几个方面考虑:一是规划应着力降低城乡交通运输成本,加强基础设施、运力资源共享共用,降低土地资源和设施设备投入成本,促进规模化运营和集约化投递,提升农村运输集约化水平;二是规划应着力提升城乡交通运输效益,通过提升城乡交

通运输服务水平和质量,引导农村物流和农村寄递需求快速攀升,保证客流和货流的稳定性,促进市场主体增收盈利;三是合理分配成本投入和运营收益,例如通过城乡客运班线"热线"补贴"冷线",实现企业营收和提升均等化服务水平的平衡。规划应将降本增效作为重要原则,杜绝形式主义,充分运用市场机制推动城乡交通运输可持续发展。

(2)准确把握城乡交通运输一体化发展重点难点。

①城乡客运公交化改造运营。有序推动城市公交线路向乡村延伸和农村客运班线公交化改造是推进城乡交通运输一体化发展、提升城乡客运均等化服务水平的关键举措之一。规划应引导城乡客运公交化改造运营有序推进,应从以下几个方面提出科学合理的发展任务:一是运营范围,根据有关公交化运营、全域公交等城乡客运组织模式的适用范围,研究提出本地区城乡客运公交化改造运营范围;二是集约经营,研究提出城乡客运经营主体实施公交化改造可采用的经营改造方式,鼓励公司化和集约化经营;三是车辆管理,研究提出选择的车型及重要设备配置要求,明确投入营运车辆的绿色低碳发展要求;四是运营服务,明确公交化运营、全域公交有关运营服务要求;五是站点设置,明确公交站点设置、场站设施共享、站点标识等要求;六是信息化服务,明确城乡公交出行服务信息化建设应包含的内容和要求。

②农村客货邮融合发展。农村客货邮融合发展是促进农村运输服务体系集约高效可持续发展的有效抓手。规划应着力引导"四个"融合的推进:一是推进体制机制融合,构建交通运输、邮政、供销、商务等部门协同配合的体制机制;二是推进基础设施融合,依托乡镇客运站、乡镇运输服务站、物流站点、邮政服务点,构建布局合理、功能完善的乡镇客货邮综合服务站点体系,实现多站合一、资源共享;三是推进运力资源融合,开通客货邮合作线路,普及推广农村客运车辆代运信件、邮件、包裹;四是推进运输信息融合,构建完善县域城乡运输信息平台,实现农村客运、物流配送、邮政快递等信息共享对接。

参 考 文 献

[1] 中华人民共和国交通运输部《中国交通运输改革开放 40 年》丛书编委会. 中国交通运输改革开放 40 年(综合卷)[M].北京:人民交通出版社股份有限公司,2018.

[2] 国家发展改革委宏观经济研究院综合运输研究所.辉煌交通:中国交通运输改革与探索 40 年[M].北京:人民出版社,2018.

[3] 张利庠.中国乡村振兴理论与实践路径研究[M].北京:经济科学出版社,2020.

[4] 周一鸣,李忠奎,庞清阁,等.城乡交通运输一体化理论、政策与实践[M].北京:人民交通出版社股份有限公司,2017.

[5] 周雪梅,石云林,刘梅,等.城乡公交服务质量评价方法[J].同济大学学报(自然科学版),2015,43(7):1031-1038.

[6] 郑淑妮,白鸿宇,周文华.基于差异系数的城乡客运一体化评价模型修正[J].重庆交通大学学报(自然科学版),2021,40(2):54-60.

[7] 单晓霖,焦朋朋.基于灰色聚类分析法的城乡公交运营质量评价[J].北京建筑大学学报,2021,37(1):16-24.

[8] 张琦,卞雪航,凤振华."城乡交通运输一体化"建设经验与启示——以湖南嘉禾县为例[J].综合运输,2018,40(4):33-36.

[9] 庞清阁,周一鸣.我国城乡交通运输一体化发展技术体系与关键技术研究[J].综合运输,2018,40(2):37-41.

[10] 周一鸣,庞清阁,李忠奎.城乡交通运输一体化建设理论方法、政策机制与实践应用研究[J].中国科技成果,2018(11):37-38.

[11] 吴沙沙,张军,蒋银明.推进城乡交通运输一体化的夏邑实践[J].物流工程与管理,2023,45(9):139-140.

[12] 甘鸿,李超华.城乡交通运输一体化建设的实践与思考[J].运输经理世界,2023(9):72-74.

[13] 张惟.城乡客运一体化程度评价研究[D].成都:西南交通大学,2017.

[14] 李清波.哈尔滨市城乡物流一体化发展水平评价研究[D].长春:吉林大学,2017.

[15] 左致远.蓬溪县城乡交通运输一体化规划研究[D].成都:四川师范大学,2013.